आओ ज्योतिष सीखें

ज्योतिष सिखाने वाली प्रथम पुस्तक

तिलक चन्द 'तिलक'

पुस्तक महल®
दिल्ली • मुम्बई • बंगलोर • पटना • हैदराबाद

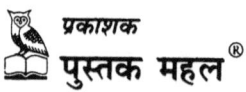

प्रकाशक
पुस्तक महल®

J-3/16, दरियागंज, नई दिल्ली-110002
☎ 23276539, 23272783, 23272784 • फैक्स: 011-23260518
E-mail: info@pustakmahal.com • *Website:* www.pustakmahal.com

विक्रय केन्द्र
• 10-बी, नेताजी सुभाष मार्ग, दरियागंज, नई दिल्ली-110002
☎ 23268292, 23268293, 23279900 • फैक्स: 011-23280567
E-mail: rapidexdelhi@indiatimes.com

• **हिन्द पुस्तक भवन**
6686, खारी बावली, दिल्ली-110006, ☎ 23944314 • 23911979

शाखाएं
बंगलुरू: ☎ 080-2234025 • टेलीफैक्स: 080-22240209
E-mail: pustak@sancharnet.in • pustak@airtelmail.in

मुंबई: ☎ 022-22010941, 022-22053387
E-mail: rapidex@bom5.vsnl.net.in

पटना: ☎ 0612-3294193 • टेलीफैक्स: 0612-2302719
E-mail: rapidexptn@rediffmail.com

हैदराबाद: टेलीफैक्स: 040-24737290
E-mail: pustakmahalhyd@yahoo.co.in

© **कॉपीराइट सर्वाधिकार**
पुस्तक महल, नई दिल्ली
ISBN 978-81-223-0000-0
संस्करण: 2009

भारतीय कॉपीराइट एक्ट के अंतर्गत इस पुस्तक के तथा इसमें समाहित सारी सामग्री (रेखा व छायाचित्रों सहित) के सर्वाधिकार **"पुस्तक महल"** के पास सुरक्षित हैं। इसलिए कोई भी सज्जन इस पुस्तक का नाम, टाइटल डिजाइन, अंदर का मैटर व चित्र आदि आंशिक या पूर्ण रूप से तोड़-मरोड़ कर एवं किसी भी भाषा में छापने व प्रकाशित करने का साहस न करें, अन्यथा कानूनी तौर पर वे हर्जे-खर्चे व हानि के जिम्मेदार होंगे।

मुद्रक: अग्रवाल प्रिंटिंग प्रेस, दिल्ली

आओ ज्योतिष सीखें

तिलक चन्द 'तिलक' योग्य एवं अनुभवी ज्योतिष तथा हस्तरेखा विशेषज्ञ हैं। वह हमेशा अनुसंधान में लगे रहते हैं। तभी प्रचलित मान्यताओं से आगे नई पद्धतियों का निर्माण कर रहे हैं।

ज्योतिष एक ऐसी चमत्कारी विद्या है, जिसे लाखों लोग सीखना चाहते हैं, परन्तु सिखाने वाली प्राथमिक पुस्तकें कुछ ऐसी जटिल हैं कि जिज्ञासु पाठक उलझ कर रह जाते हैं।

अनगिनत पाठकों की मांग पर **तिलक चन्द 'तिलक'** ने सरल एवं रोचक शैली में ज्योतिष की प्रथम पुस्तक की रचना की है। **आओ ज्योतिष सीखें** एक ऐसी पुस्तक है, जिसे पूरी लगन के साथ पढ़कर अभ्यास करने के बाद केवल 5 मिनट में ही कुण्डली बनाना और भविष्यफल बताना सीख सकते हैं।

इस पुस्तक में उन्होंने प्रयत्न किया है कि इसे उन दोषों से मुक्त रख सकें, जो प्रायः दूसरी पुस्तकों में पाए जाते हैं। अतः यह व्यक्ति को पूरी तरह परिपक्व बनाने में सक्षम है। इसमें विषय की गहराई और बारीकियों को भी उन्होंने बहुत सहज ढंग से समझाया है।

आइए, आप भी ज्ञान के भण्डार की इस अनूठी पुस्तक से ज्योतिष सीखें और हर कहीं, हर किसी को भविष्यफल बता कर चमत्कृत कर दें।

- जिनकी कृतियों ने मुझे ज्योतिष की गहराइयों में उतरने की प्रेरणा दी।

- जिनके सुन्दर वाक्य मेरे हृदय पटल पर अंकित हैं।

- बोलना कष्टकारी होते हुए भी, जो मुझे रहस्य की बातें बताते रहे।

- जिनको मैंने हृदय की गहराइयों से, पूर्ण श्रद्धा से, गुरु माना।

- जिनका आशीर्वाद पाकर मैंने स्वयं को ज्योतिष के प्रति समर्पित कर दिया।

ऐसे क्रान्तिकारी महामहिम, ज्योतिष कलानिधि, दैवज्ञ शिरोमणि स्वर्गीय पण्डित गोपेश कुमार ओझा जी को सादर समर्पित।

भूमिका

अपना भविष्य जानने की इच्छा किसे नहीं होती अर्थात् सभी को होती है। और जिस विद्या द्वारा भविष्य जाना जा सकता है, उसका नाम है ज्योतिष।

ज्योतिष में इतना आकर्षण है कि लाखों करोड़ों लोग इसे सीखना चाहते हैं, किन्तु सीखने के साधन सुगमता से जुटा नहीं पाते। इस विषय की प्राथमिक पुस्तकें भी प्राय: ऐसी हैं कि नया पाठक, जो ज्योतिष के विषय में थोड़ा-सा भी नहीं जानता, इनमें उलझ कर रह जाता है।

एक तो ज्योतिष जैसा गहन विषय, फिर कठिन शब्दावली, जटिल भाषा और शैली भी नीरस होने के कारण पाठक बेचारा भूल-भुलैया में पड़ जाता है। उसके पल्ले कुछ भी नहीं पड़ता। परिणामत: वह पुस्तक का अध्ययन ही छोड़ देता है।

'पुस्तक महल' द्वारा प्रकाशित मेरी अन्य पुस्तक 'फलित ज्योतिष रेडी रेकनर' (जिसका छह मास के अन्दर दूसरा और फिर दस मास के अन्दर तीसरा संस्करण छप चुका है) की सफलता पर मुझे पाठकों के ढेरों प्रशंसा पत्र प्राप्त हुए हैं। प्राय: उन सभी में अधिक प्रशंसा इस बात की की गई है कि पुस्तक अत्यन्त सरल एवं रोचक शैली में है। अनगिनत पाठकों ने यह भी आग्रह किया है कि मैं ज्योतिष में रुचि रखने वाले नए पाठकों के लिए भी इसी प्रकार की सरल एवं रोचक शैली में एक पुस्तक लिखूं।

पाठकों के इस आग्रह का सम्मान करते हुए मैं यह पुस्तक मुख्यत: उन लोगों के लिए लिख रहा हूं, जो ज्योतिष के बारे में बिल्कुल कोरे हैं, यानी कुछ भी नहीं जानते।

यद्यपि एक नया पाठक मेरी यह पुस्तक पढ़ लेने के पश्चात् ज्योतिषी तो नहीं बन पाएगा, तथापि मैं यह बात पूर्ण विश्वास के साथ कह सकता हूं कि कोई व्यक्ति इसे लगन एवं निष्ठा से पढ़ लेने के पश्चात् इस योग्य अवश्य हो जाएगा कि वह पांच मिनट के अंदर जन्म कुण्डली बना सके और जन्म कुण्डली से भविष्य फल कथन भी इतना कर पाने में समर्थ होगा, जो सड़कों पर बैठे कई ज्योतिषियों के स्तर से अच्छा होगा।

इस पुस्तक में मैंने यह प्रयत्न भी किया है कि इसे उन दोषों से मुक्त रखूं, जिनके कारण बाजार में बिकने वाली ज्योतिष की प्राथमिक पुस्तकें पाठकों का ध्यान आकर्षित नहीं कर पाई हैं।

मुझे आशा ही नहीं, पूर्ण विश्वास है कि मेरी यह पुस्तक भी **फलित ज्योतिष रेडीरेकनर** की भांति ज्योतिष के क्षेत्र में एक नया कीर्तिमान स्थापित करेगी।

इस पुस्तक में रह गई त्रुटियों एवं मौलिक सुझावों के लिए आपके पत्रों की मुझे प्रतीक्षा रहेगी।

114-ए गांधी नगर,   **तिलक चन्द 'तिलक', ज्योतिषी**
जम्मू-180 004

अनुक्रम

1. ज्योतिष क्या है? — 11

ज्योतिष की उत्पत्ति एवं महत्व • ज्योतिष की उपयोगिता • ज्योतिष शास्त्र के भेद • आकाश परिचय • सौर मण्डल की उत्पत्ति • ग्रह परिचय • नक्षत्र एवं राशि परिचय • तिथियां • शुक्ल पक्ष की तिथियां अंशों सहित कृष्ण पक्ष की तिथियां अंशों सहित • करण • वार • योग • पंचांग परिचय

2. जन्म कुण्डली क्या है? — 34

जन्म कुण्डली का महत्व • जन्म कुण्डली के बारह भाव • जन्म कुण्डली के प्रकार • जन्म राशि जानना • जन्म कुण्डली बनाने की विधि • जन्म पत्रिका के रूप • चन्द्र कुण्डली बनाना • चन्द्र लग्न कुण्डली का महत्व • कौन ग्रह किसका अधिष्ठाता? • वस्तुओं के स्थिर कारक ग्रह • ग्रहों का शरीर के आंतरिक भागों पर आधिपत्य • ग्रहों का शरीर के बाह्य अंगों पर आधिपत्य • ग्रहों के पारस्परिक बल • ग्रहों का राशि स्वामित्व • ग्रहों का उच्च-नीचादि ज्ञान चक्र • ग्रहों का अस्त होना • ग्रहों की अवस्था • ग्रहों का प्रभाव दिखाने का विशेष समय (भाग्योदय काल) • ग्रहों के तत्व • ग्रहों से संबंधित रोग • ग्रहों के बल • ग्रह मैत्री चक्र • नैसर्गिक मैत्री चक्र • तात्कालिक मैत्री • पंचधा मैत्री • शुभ ग्रह एवं अशुभ ग्रह • वक्री एवं मार्गी ग्रह • ग्रहों की दृष्टि • ग्रहों के गुण • ग्रहों के स्वभाव • ग्रहों की दिशाएं • ग्रहों की ऋतुएं • ग्रहों के रंग • ग्रह दोषापहरन • ग्रहों की दस अवस्थाएं और उनके फल • सूर्य की बारह राशियों में स्थिति का फल • चन्द्रमा की बारह राशियों में स्थिति का फल • मंगल की बारह राशियों में स्थिति का फल • बुध की बारह राशियों में स्थिति का फल • बृहस्पति का बारह राशियों में स्थिति का फल • शुक्र की बारह राशियों में स्थिति का फल • शनि की बारह राशियों में स्थिति का फल • राहु की बारह राशियों में स्थिति का फल • केतु की बारह राशियों

में स्थिति का फल •ग्रहों की विभिन्न भावों में स्थिति का फल •जन्म नक्षत्र फल •जन्म राशि फल •मेष राशि या मेष लग्न में जन्म का फल •वृष राशि या वृष लग्न में जन्म का फल •मिथुन राशि या मिथुन लग्न में जन्म का फल •कर्क राशि या कर्क लग्न में जन्म का फल •सिंह लग्न या सिंह राशि में जन्म का फल •कन्या राशि या कन्या लग्न में जन्म का फल •तुला राशि या तुला लग्न में जन्म का फल •वृश्चिक राशि या वृश्चिक लग्न में जन्म का फल •धनु राशि या धनु लग्न में जन्म का फल •मकर राशि अथवा मकर लग्न में जन्म का फल •कुम्भ राशि अथवा कुम्भ लग्न में जन्म का फल •मीन राशि अथवा मीन लग्न में जन्म का फल

3. जन्म कुण्डली से भविष्य फल जानना   97

•कुण्डली फल कथन के कुछ मौलिक सिद्धान्त •स्त्री कुण्डली फल कथन •लग्नेशों की विभिन्न भावों में स्थिति का फल •लग्नेशों का नीच राशि में होने का फल •महादशा व अन्तर्दशा •विंशोत्तरी दशा चक्र •शनि की महादशा या अन्तर्दशा में •भविष्य फल जानने की विधि

ज्योतिष क्या है?

ज्योतिष उस विद्या का नाम है, जिसके द्वारा आकाशीय ग्रहों के माध्यम से भूत, भविष्य और वर्तमान तीनों आयामों का हाल जाना जा सकता है।

ज्योतिष शास्त्र का अपर नाम ज्योति:शास्त्र भी है। ज्योति:शास्त्र का अर्थ हुआ– प्रकाश देने वाला शास्त्र। अर्थात् वह शास्त्र, जो संसार के सुख-दुख, जीवन मरण एवं ब्रह्माण्ड के अंधकाराच्छन्न जैसे विभिन्न विषयों पर प्रकाश डालकर उन्हें उजागर करने की क्षमता रखता हो।

सौर मण्डल में सूर्य, चन्द्र, मंगल आदि ब्रह्माण्डीय पिण्डों को ज्योतिष या ज्योतिष्क कहा ज़ाता है। जिस शास्त्र के द्वारा इन ग्रहों की गति एवं प्रभाव का ज्ञान प्राप्त हो, उसे ज्योतिष शास्त्र कहते हैं; यथा–

ज्योतिषां सूर्यादि ग्रहाणां बोधकं शास्त्रम्

अर्थात् सूर्यादि ग्रहों के विषय में ज्ञान कराने वाले शास्त्र को ज्योतिष शास्त्र कहते हैं।

ज्योतिष की उत्पत्ति एवं महत्व

ज्योतिष की उत्पत्ति कब हुई, इस विषय में निश्चित रूप से कुछ नहीं कहा जा सकता। किन्तु, इसकी प्राचीनता इस बात से सिद्ध होती है कि संसार के सबसे प्राचीन ग्रंथ'वेद' माने जाते हैं; और ज्योतिष वेदों का अंग है।

वेद के छह अंग हैं– 1. शिक्षा, 2. कल्प, 3. व्याकरण, 4. निरुक्त, 5. छन्द, 6. ज्योतिष।

एक मान्यता के अनुसार वेद ही सब विद्याओं का मूल उद्गम है। अत: यह स्पष्ट है कि ज्योतिष की उत्पत्ति उतनी ही प्राचीन है, जितनी वेदों की। यथा-

विफलान्य शास्त्राणि विवादस्तेषु केवलम्।
सफल ज्योतिष शास्त्र चन्द्रार्को यत्र साक्षिणम्॥

अर्थात् अन्य सभी शास्त्र निष्फल हैं, क्योंकि उनमें वाद-विवाद के अतिरिक्त और कुछ नहीं मिलता; परन्तु सूर्य एवं चन्द्र जिसके साक्षी हैं, वह ज्योतिष शास्त्र ही पूर्ण सफल है।

ज्योतिष की उपयोगिता

संसार की प्रत्येक वस्तु तथा प्राणी ग्रह नक्षत्रों के प्रभाव से पूर्ण प्रभावित है। भिन्न-भिन्न वर्णों में जन्म, सुन्दर एवं असुन्दर स्वरूप, तीव्र बुद्धि एवं मन्द बुद्धि, शुभाशुभ कृत्य, सुख-दुख आदि सभी बातें मनुष्य के पूर्व के कर्मों के अधीन होती हैं, तथा प्रत्येक जातक की जन्म कुण्डली में विभिन्न भावों में स्थित ग्रह उसके भूत, वर्तमान तथा भविष्य के जीवन को प्रभावित करते हैं। तथापि, जिस प्रकार औषधि के सेवन द्वारा प्रयत्न पूर्वक रोग को दूर या कम किया जा सकता है, उसी प्रकार ज्योतिष शास्त्र की सहायता से भूत, भविष्य एवं वर्तमान का ज्ञान प्राप्त कर अपने प्रयत्नों द्वारा वर्तमान तथा भविष्य के जीवन को प्रभावित एवं परिवर्तित भी किया जा सकता है। साथ ही अरिष्ट निवारक आश्रय लेकर संकटों से छुटकारा भी पाया जा सकता है। अत: यह शास्त्र **जो होना है वह तो होगा ही** पर आश्रित केवल भाग्यवादी बने रहने के लिए नहीं कहता, अपितु भविष्य में घटने वाली घटनाओं का पूर्वाभास होने पर उनसे बचने, उन्हें बदलने या मिटाने के लिए प्रयत्नशील होने की प्रेरणा भी देता है। इस प्रकार यह शास्त्र भाग्य और कर्म के समन्वय का सेतु है।

अप्रत्यक्ष रूप में यह शास्त्र मनुष्य को बुराइयों से बचा कर शुभ कर्मों की ओर प्रेरित करता है कि इस दुखमय संसार के आवागमन रूपी कष्टों से सदैव के लिए छुटकारा पाया जा सके।

दैनिक जीवन में ज्योतिष शास्त्र की उपयोगिता किसी से छिपी नहीं है। विवाह, सन्तान, व्यापार, नौकरी, यात्रा, भवन निर्माण इत्यादि सभी महत्वपूर्ण प्रसंगों पर ज्योतिष शास्त्र के निर्देश पग-पग पर मार्गदर्शक एवं सहायक सिद्ध होते हैं।

किस समय क्या करना उचित है, क्या अनुचित है, किस समय कौनसा काम करने से लाभ होगा अथवा हानि। इस संबंध में ज्योतिष शास्त्र के निर्देश बहुमूल्य माने जाते हैं।

हिन्दू समाज में तो जन्म से लेकर मृत्यु तक के सभी संस्कार इसी के अनुरूप किए जाने की प्रथा है।

किस वर्ष में अमुक तिथि को सूर्य ग्रहण अथवा चन्द्र ग्रहण होगा, इसकी ठीक-ठीक अवधि, आरम्भ एवं अन्त का ठीक समय सैकड़ों वर्ष पूर्व ही बता देने की आश्चर्यजनक क्षमता केवल इसी शास्त्र में है।

ज्योतिष शास्त्र के भेद

भारतीय ज्योतिष शास्त्र के मुख्य दो भेद हैं–गणित एवं फलित। गणित को ग्रह ज्योतिष तथा फलित को फलित ज्योतिष कहते हैं। प्राचीन ज्योतिष ग्रन्थों में ज्योतिष के तीन भागों का वर्णन मिलता है, यथा–

सिद्धान्त संहिता होरा रूपं स्कंध त्रयात्मकम्।
वेदस्य निर्मलं चक्षुः ज्योतिष्शास्त्रम् कल्पवम्॥

अर्थात् जिस भाग से ग्रहों की गति, उदय, अस्त, ग्रहण आदि का पता चलता है, उसे सिद्धान्त कहते हैं। जिस भाग से ग्रहों के फल उल्कापात, संक्रान्ति, सृष्टि, महार्घ-समर्थ (तेजी-मन्दी) आदि निर्मित विषयों का ज्ञान होता है, उसे संहिता कहते हैं तथा जिस भाग से ग्रहों की तात्कालिक स्थिति के द्वारा स्थानवशात प्राणियों के सुख-दुख, हानि-लाभ एवं कब क्या होगा– इसका सही निर्णय हो सके, उसे होरा कहते हैं। इनमें से सिद्धान्त व संहिता का गणित में तथा होरा का फलित ज्योतिष में समावेश है। हस्तरेखा-विज्ञान, अंक-विज्ञान, शकुन-शास्त्र, स्वप्नफल, स्वरोदय-ज्ञान तथा शरीर के अंगों को देखकर भविष्य कथन इत्यादि सब ज्योतिष के ही अंग हैं।

आकाश परिचय

हमारा आकाश अनन्त कोटि तेज पुंज (तारों) से भरा पड़ा है। इनमें से कुछेक तो सूर्य से अधिक चमकने वाले तथा उससे कई गुणा अधिक विशालकाय तारागण हैं, जिनकी दूरी इतनी अधिक है कि उनकी प्रकाश किरणों को पृथ्वी तक पहुंचने में सैकड़ों वर्ष तक भी लग जाते हैं, जब कि प्रकाश की गति 1,86,000 मील प्रति सेकण्ड है।

अन्य तारागणों के मध्य में ग्रहों का एक मंडल है, जिसे सौर मंडल या सौर जगत या सौर परिवार कहते हैं। उनके मध्य में अपना एक ही सूरज है, जिसके आसपास अपनी पृथ्वी तथा अन्य ग्रह (बुध, शुक्र, गुरु आदि) परिक्रमा करते हैं। इन सब का सूर्य से संबंध है और ये सूर्य की आकर्षण शक्ति के प्रभाव से उसे छोड़ कर कहीं दूसरी जगह नहीं जा सकते। इसी कारण इन सब ग्रहों के समुदाय तथा उन नक्षत्रों आदि को, जो इन ग्रहों की परिक्रमा के मार्ग के आस-पास पड़ते हैं, सौर जगत कहते हैं। हमारा सारा फलित ज्योतिष इसी सौर मण्डल पर केन्द्रित है।

सौर मण्डल की उत्पत्ति

सौर मण्डल की उत्पत्ति कब हुई? इस विषय में ब्रह्म पुराण में लिखा है कि–

चैत्रे मासि जगद् ब्रह्मा ससर्वा प्रथमेऽहनि,
शुक्ल पक्षे समग्रंतत् तदा सूर्योदये सति।
प्रवर्तया मास तदा कालस्य गणनामपि,
ग्रहन्नागा नूतुन्मासान् वत्सरानवत्स राधि पान्॥

अर्थात् चैत्र शुक्ल प्रतिपदा रविवार को सूर्योदय के समय सभी ग्रह अश्विनी नक्षत्र तथा मेष राशि के आदि में थे, उसी समय ब्रह्मा ने सृष्टि की रचना की तथा सभी ग्रहों ने उसी समय से अपनी-अपनी कक्षा में भ्रमण करना आरम्भ कर.दिया। विश्व के कार्यारम्भ के साथ ही दिन, वार, तिथि, पक्ष, मास, ऋतु, अयन, वर्ष, संबत्सर आदि का भी प्रारम्भ हो गया।

ग्रह परिचय

ब्रह्माण्ड में अनन्त कोटि तारों एवं असंख्य ग्रह होते हुए भी प्राचीन ज्योतिषाचार्यों ने भारतीय ज्योतिष में केवल सात ग्रहों– सूर्य, चन्द्र, मंगल, बुध बृहस्पति, शुक्र एवं शानि और बारह राशियों तथा 27 नक्षत्रों को ही प्रधानता दी, क्योंकि उनके विचार में ये ही सारी सृष्टि पर अपना महत्वपूर्ण प्रभाव डालने की क्षमता रखते हैं।

कालान्तर में भारतीय ज्योतिर्विदों ने राहु एवं केतु (जो अन्य ग्रहों की भांति अपना अस्तित्व नहीं रखते; मात्र छाया ग्रह हैं) को भी उनके प्रभाव की महत्ता को देखते हुए, ग्रहों की श्रेणी में सम्मिलित कर लिया। इस प्रकार अब भारतीय ज्योतिष में नौ ग्रहों, 27 नक्षत्रों एवं बारह राशियों को प्रधानता प्राप्त है। अब इन ग्रहों के बारे में जान लिया जाए।

सूर्य

सूर्य को भानु, रवि, दिनकर, दिनकृत, दिवाकर, भास्कर, अरुण, आदित्य, अर्क, दिवसनाथ, दिनेश, प्रभाकर, तरणि, मार्तण्ड, ग्रहपति आदि विभिन्न नामों से जाना जाता है।

सूर्य मुख्यत: हाइड्रोजन गैस का पिण्ड है। इसका तापमान एक लाख डिग्री सेल्सियस आंका गया है। पृथ्वी से इसकी दूरी नौ करोड़ तीस लाख मील (चौदह करोड़ किलोमीटर से कुछ अधिक) है।

प्रकाश की गति 1,86,000 मील प्रति सेकण्ड होती है। इस प्रकार सूर्य की किरणों को धरती तक पहुंचने में लगभग सवा आठ मिनट लग जाते हैं।

सूर्य को समस्त ग्रहों में अत्यधिक प्रकाशमान होने से एवं सर्व ग्रहों में अधिक शक्तिशाली होने से सौर मण्डल में राजा का पद प्राप्त है।

यद्यपि सूर्य स्थिर है, किंतु हम पृथ्वी वासियों को वह घूमता हुआ दिखाई देता है। इसी कारण हमारी बोल-चाल की भाषा में प्राय: सूर्य के गतिशील होने की बातें रहती हैं, यथा सूर्य उदय हो गया है, सूर्य

अस्त हो गया है, सूर्य अमुक राशि से निकल कर अमुक राशि में आ गया है इत्यादि।

ऐसे वाक्य न केवल भारत में, अपितु सारे विश्व में ही (जिसमें पाश्चात्य वैज्ञानिक देश भी सम्मिलित हैं) बोले जाते हैं और ज्योतिष शास्त्र में भी स्थान-स्थान पर सूर्य के गतिमान होने की बातें पढ़ने को मिलती हैं। यहां तक कि सभी पंचांगों में अन्य ग्रहों के साथ-साथ सूर्य की दैनिक गति भी दर्शाई जाती है। जब सूर्य स्थिर है, तो उसमें गति कैसी? पाठकों के मन में ऐसा प्रश्न अवश्य उभरेगा। अतः यहां यह बात पहले ही स्पष्ट कर रहा हूं कि ऐसा क्यों है?

हमें जो दिखाई देता है, अनुभव होता है, वही बात हमारी बोलचाल की भाषा में व्यक्त होती है। बोलचाल की भाषा को भी सत्य ही माना जाता है।

एक उदाहरण लीजिए : कुछ छात्र बड़े चाव एवं उत्सुकता के साथ शिमला की सैर के लिए दिल्ली से चले। जब गाड़ी शिमला रेलवे स्टेशन पर पहुंची और छात्रों ने खिड़की से झांक कर सुंदर प्लेटफार्म तथा शिमला लिखा देखा, तो वे खुशी से झूम उठे और बड़े हर्ष एवं उल्लास से बोलने लगे, शिमला आ गया! शिमला आ गया!

अब देखिए, शिमला न तो कहीं गया हुआ था, न कहीं से आया। वास्तविकता तो यह है कि वे शिमला पहुंच गए। बोलचाल की भाषा में शिमला आ गया का वास्तविक अर्थ भी यही है कि हम शिमला पहुंच गये। इसी प्रकार सूर्य के स्थिर होने पर भी उसके गतिमान होने की बात बोलचाल की भाषा पर आधारित है।

चन्द्र

ज्योतिष शास्त्र के अनुसार सौर मण्डल में सूर्य के पश्चात दूसरा बड़ा पद चन्द्रमा का है। इसे सूर्य की भांति अन्य नक्षत्र पुंजों में राजा माना गया है।

चन्द्रमा को सोम, इन्दु, शीत रश्मि, शीत द्युति, ग्लौ, मृगांक, निशानाथ, रजनीश, निशापति, रजनीपति, हिमांशु, राकेश, सुधांशु, शशि, सुधाकर आदि नाम दिए गए हैं।

पृथ्वी से इसकी दूरी 2,38,000 मील होने से यह हमारा निकटतम पड़ोसी है। सभी ग्रहों में यह अत्यधिक गतिमान ग्रह है।

सूर्य से प्रकाश ग्रहण कर अपनी अमृतमयी किरणों से पृथ्वी मंडल पर मधुर एवं शीतल शुभ्र ज्योत्सना बिखेरता हुआ चन्द्रमा पृथ्वी की परिक्रमा करता रहता है। यह 27 दिनों में पृथ्वी की एक परिक्रमा पूरी कर लेता है।

जब सूर्य और चन्द्रमा परस्पर छः राशि के अन्तर पर होते हैं, तब पूर्णमासी होती हैं और उसके प्रभाव से समुद्र में ज्वार-भाटा आ जाता है।

चन्द्रमा सौभाग्य, गृहस्थ व देश-प्रेम का परिचायक, भावनात्मकता, सहानुभूति, सुन्दरता, कल्पनाशक्ति, ज्योतिष विद्या एवं जनसाधारण का प्रतिनिधित्व करता है। यह नेत्रदृष्टि तथा मस्तिष्क पर प्रभाव डालने वाला, पारिवारिक जीवन तथा व्यक्तिगत कार्यों का द्योतक है। यह माता, अन्तःकरण, मनोभाव, नम्रता, संवेदना, सुख-सम्पदा, मानसिक स्थिति आदि से संबंधित ग्रह है।

मन की कल्पनाओं की भांति अत्यंत गतिशील होने के कारण चन्द्रमा को "चन्द्रमा मनसो जातः" कह कर अन्तःकरण अर्थात् मन का प्रतीक माना गया है।

मंगल

मंगल पृथ्वी का निकटवर्ती ग्रह है। पृथ्वी से समानता होने के कारण इसे भू-पुत्र (पृथ्वी पुत्र) भी कहा जाता है। पाश्चात्य लोग इसे युद्ध का देवता कहते हैं।

भारतीय ज्योतिष ग्रंथों में इसे सत्व, बल एवं पराक्रम का प्रतीक माना गया है। यह साहस, धैर्य, स्फूर्ति तथा आत्म विश्वास देने वाला ग्रह है। इसका नाम तो मंगल है, पर कुछ विशेष परिस्थितियों को छोड़कर प्रायः अमंगलकारी ही होता है।

मंगल को भौम, अंगारक, कुज, क्षितिज, क्रूर नेत्र, रुधिर, लोहितांग आदि नामों से भी जाना जाता है।

वैज्ञानिकों के अनुसार, समस्त ग्रहों में से केवल मंगल ग्रह पर ही प्राणियों के जीवन का अस्तित्व सम्भव माना गया है।

यह तमोगुणी मंगल युवावस्था वाला, साहसी, प्रतापी, कामी, पित्त प्रकृतियुक्त, अग्नि तत्त्व प्रधान, अशुभ, पाप ग्रह है।

अपनी कठोरता के लिए प्रसिद्ध ग्रह मंगल स्वभाव से उद्दण्ड, अभिमानी, उग्र, प्रचण्ड, वीर, क्रोधातुर सैनिक स्वभाव, रणोद्धत और कभी कृपालु होने पर उदार भी होता है। सौर मण्डल में इसे सेनापति का पद प्राप्त है।

बुध

सूर्य के समीप होने के कारण बुध ग्रह अधिक प्रकाशवान होता है। यह सूर्योदय से कुछ पल पूर्व उदय होता है और सूर्यास्त के पश्चात अस्त हो जाता है। सूर्य के आसपास ही रहता है, अर्थात् सूर्य से 28 अंश से अधिक दूर नहीं जा सकता। यह सौर परिवार का सबसे छोटा ग्रह है।

बुद्धि को सर्वाधिक प्रभावित करने वाला तथा वाणी एवं व्यवसाय से संबंधित ग्रह बुध सुन्दर एवं प्रसन्न मुद्रा, वात-पित्त-कफ प्रकृति युक्त रजोगुणी ग्रह है।

इस विचारशील ग्रह को चन्द्र पुत्र, सौम्य, तारातनय, शान्त-वित्त, बोधन, हेम्न आदि नाम भी दिए गए हैं।

यह ग्रह विद्वान पण्डितों एवं बुद्धिमानों के समाज में रहने वाला हास्य-व्यंग्य प्रिय, कटाक्ष दृष्टि वाला, मिश्रित स्वभाव वाला, आरोग्य एवं पुनर्जीवन प्रदान करने वाला ग्रह है।

महान प्रतिभा का द्योतक, कूटनीतिज्ञ, उच्चस्तरीय तार्किक एवं बुद्धिजीवी बुध, विज्ञान, पाण्डित्य, ज्योतिष, सत्य, शिक्षण, लेखन, संपादन, प्रकाशन, शिल्प, चिकित्सा, गणित, बीमा, दूर संचार आदि का प्रतिनिधित्व करता है।

बैंक, वित्तीय संस्थान, एकाउंटेन्सी, पत्रकारिता, प्रिंटिंग प्रेस, शिल्पकला, भवन निर्माण, पुस्तक विक्रेता, डेरी फार्म, कैमिकल उद्योग, वर्कशाप,

आटोमोबाइल पार्ट्स आदि भी बुध से संबंधित व्यवसाय हैं। सौर मण्डल में बुध को राजकुमार का पद प्राप्त है।

बृहस्पति

बृहस्पति अथवा गुरु सौर मण्डल का सबसे बड़ा ग्रह है। इसीलिए कहा जाता है कि सभी ग्रह एक ओर और अकेला गुरु एक ओर।

विधि, धर्म एवं नीति का महान् पण्डित देवगुरु बृहस्पति बृहद उदर एवं स्थूल, गौर वर्ण, कफ प्रकृति, भूरे बाल और नेत्र वाला, अत्यन्त विद्वान एवं चतुर, सत्वगुण युक्त, परमार्थी, शान्त स्वभाव वाला ग्रह है।

इसे गुरु के अतिरिक्त जीव, सुरगुरु, अंगिरा, वाचस्पति, सुराचार्य, देवेज्य, ईज्य आदि नाम भी दिए गए हैं। यह सब ग्रहों में अत्यन्त बलशाली एवं अत्यन्त शुभ ग्रह है।

धन, लक्ष्मी, न्याय, संतान, पुत्र, धर्म– इन सबका कारक होने के अतिरिक्त यह विवेक, बुद्धि, ज्ञान, स्वास्थ्य, आध्यात्मिक एवं पारलौकिक सुख से भी संबंधित है।

बृहस्पति को देवताओं का गुरु होने का गौरव प्राप्त है। यह देवगुरु के रूप में अपनी विद्वता, ज्ञान, तेज, प्रतिभा, सम्मान और व्यक्तित्व के लिए प्रसिद्ध है।

यह कोमलमति बृहस्पति सम्पत्तिदायक और मानवता का हितैषी समझा जाता है। स्त्रियों के लिए पति सुख प्रदान करने वाला यह ग्रह विश्व में भिन्न-भिन्न नामों से पूजा जाता है। यह समृद्धि एवं हर्ष का प्रतीक भी है। सौर मण्डल में इसे मंत्री का पद प्राप्त है।

शुक्र

सूर्य एवं चन्द्रमा को छोड़कर सौर परिवार का बहुत चमकदार एवं तेजस्वी ग्रह शुक्र है।

पाश्चात्य विद्वान इसे प्रायः कला, प्रेम, सौंदर्य एवं आकर्षण की देवी कहते हैं।

शुक्र एक ओर जहां मनुष्य को काम-वासना में लिप्त होने के लिए उत्तेजित करता है, वहीं दूसरी ओर यह माता के समान निःस्वार्थ प्रेम का द्योतक भी है। भारतीय ज्योतिष शास्त्रों में इसे काम (वासना) का प्रतीक माना गया है।

श्वेत वर्ण, रमणीय शरीर, सुन्दर नेत्र, वात-कफ प्रकृति, घुंघराले काले केश वाला, विलासी, स्वार्थी, मृदु स्वभाव, रजोगुणी, तेजस्वी रूप लिए शुक्र सुन्दरता, प्रेम, आकर्षण से संबंधित ग्रह है। यह स्त्री-पुरुष के जननांगों पर गहरा प्रभाव डालता है। यह शुभ स्त्री ग्रह है और पुरुष के लिए पत्नी सुख प्रदाता है।

संगीत, नृत्य, ललित कला, राग-रंग, मनोरंजक साधन, टीवी, चलचित्र, रूप-सौंदर्य, बनाव-श्रृंगार, सांसारिक सुख, भोग-विलास, वाहन, सौंदर्य साधन, कामेच्छा, वीर्य, पुंसत्व इत्यादि सब इसी के अधिकार क्षेत्र में आते हैं।

अभिनेता, गायक, कवि, चित्रकार, सुगंधित द्रव्य, आकर्षक-वस्त्र, रंगमंच, नाट्य शाला, सिनेमा, थिएटर आदि पर भी शुक्र का ही आधिपत्य है। शुक्र को सांध्यतारा, भृगुसुत, भार्गव, दैत्यगुरु, सित आदि भी कहा जाता है।

इसकी प्रवृत्ति रचनात्मक है और यह पूर्णतया सांसारिक ग्रह है। यह राजसिक सर्वगुण सम्पन्न एवं सामर्थ्यवान ग्रह है। यह मिलनसार और सामाजिक भी है। आमोद-प्रमोद, मौज-मस्ती एवं भोग इसके पुरुषार्थ के फल हैं। यह समझौतावादी, शांति-कारक एवं मैत्री संबंध बनाने वाला ग्रह है। सौर मण्डल में गुरु के साथ इसे भी मंत्री पद दिया गया है।

शनि

अन्य ग्रहों से अति दूर स्थित शनि एक सुन्दर एवं विचित्र ग्रह है। इसके चारों ओर तीन वलय (चक्र) सदैव एक दूसरे से स्वतंत्र रूप में घूमते

रहते हैं, जो अन्य ग्रहों से इस ग्रह की विशेषता का संकेत देते हैं। शनि इन वलयों के साथ अति मन्द गति से भ्रमण करता रहता है। मन्द गति से चलने के कारण ही इसे शनैश्चर (शनै: शनै: चर:) आहिस्ता चलने वाला कहा जाता है।

शनि को शनैश्चर, सूर्य पुत्र, कोण, असित, तरणि तनय, छाया सुनु, मन्द आदि नामों से भी जाना जाता है।

सौर मण्डल में अत्यधिक तीव्र गति से चलने वाला ग्रह चन्द्रमा है और अत्यधिक मन्द गति से चलने वाला यह शनि है। चन्द्रमा जिस परिक्रमा को 27 दिनों में पूरी कर लेता है, शनि उसी को पूरा करने में 30 वर्ष लगा देता है।

शनि को सूर्य का पुत्र माना जाता है; किन्तु गुण-स्वभाव की दृष्टि से दोनों में धरती-आकाश जितना अन्तर है। सूर्य प्रकाश है, तो शनि अंधकार। सूर्य जीवन है, तो शनि मृत्यु।

यह मंद गति शनि बुद्धिमान, तीक्ष्ण प्रकृति वाला, अहंकारी, कार्यकर्ताओं एवं श्रमिकों का आश्रयदाता, सहायक तथा नौकरी करने वालों का सरंक्षक है।

यह रुक्ष केश, कृश अंग, सुन्दर नेत्र, मोटे-मोटे दांत और नाखून, कफ एवं वात प्रकृति, तमोगुणी, कृष्ण वर्ण, आलसी, दारुण स्वभाव वाला अशुभ स्त्री ग्रह है।

दुख, आपत्ति, विपत्ति, सम्पत्ति, श्रम दायित्व, एकांतवास, संन्यास, दार्शनिकता, मननशीलता, नौकर-चाकर, दारिद्र, चोर भय, यातायात, पुलिस, कारावास तथा इनसे संबंधित विषयों का संबंध शनि से ही है।

यह गम्भीर, गूढ़, अन्धकार, संवेदन, निराशा, उद्विग्नता, बंधन, यंत्रणा, अधर्म, कृपणता, अस्वस्थता, दुर्घटना तथा दोषारोप आदि का सूचक भी है। यह स्त्री-पुरुष के स्नायु तंत्र पर विशेष प्रभाव डालता है।

भारतीय ज्योतिष में इस ग्रह को दुखों व संकटों का अधिष्ठाता कहा गया है। सौर मण्डल में इसे दास (सेवक) का पद दिया गया है। आकाश में ग्रहों की स्थिति के बारे में चित्र संख्या 1 देखें।

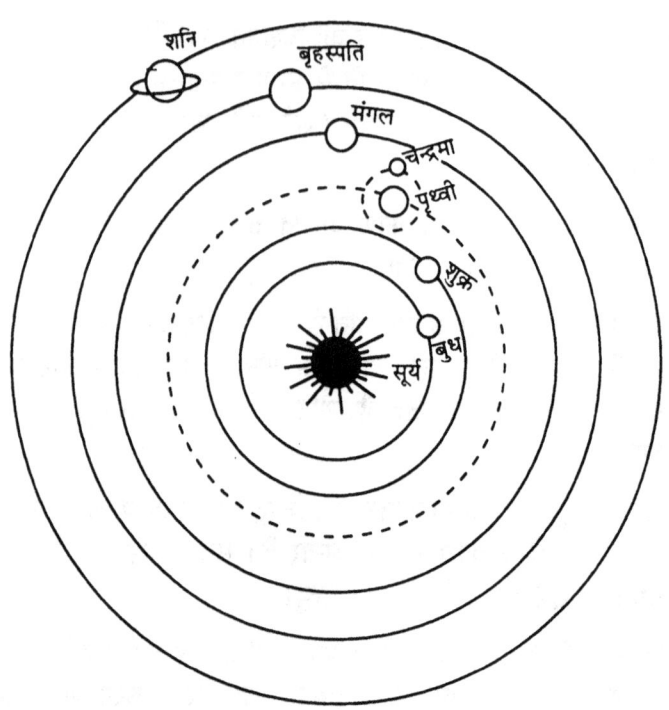

आकाश में ग्रहों के घूमने का मार्ग

राहु एवं केतु क्या हैं?

राहु व केतु अन्य ग्रहों की भांति अपना कोई अस्तित्व नहीं रखते। किन्तु, इनके महत्वपूर्ण प्रभाव को देखकर इन्हें भी ग्रहों की श्रेणी में सम्मिलित कर लिया गया। ये दोनों छाया ग्रह अर्थात् बिन्दु मात्र हैं।

चन्द्रमा पृथ्वी की परिक्रमा करता रहता है और पृथ्वी एक अलग मार्ग से सूर्य की प्रदक्षिणा करती रहती है। ये दोनों मार्ग दो स्थानों पर एक दूसरे को काटते हैं। उनमें से एक बिन्दु को राहु कहते हैं, जो नीचे से ऊपर जाने वाला है, और दूसरे बिन्दु को केतु कहते हैं, जो उसके ठीक सामने है और ऊपर से नीचे जाने वाला है।

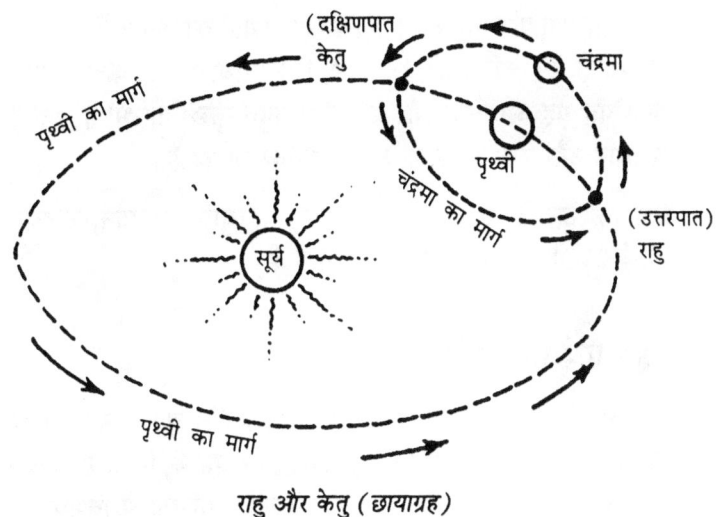

राहु और केतु (छायाग्रह)

राहु

अंधकार स्वरूप राहु को चोर भी कहा गया है। यह दुर्गुणों का प्रतिनिधित्व करने वाला ग्रह है। इसे तम, सर्प, अगु, फणि, असुर भी कहते हैं।

आक्रामक प्रवृत्ति, तीव्र बुद्धि किन्तु आलसी, विद्रोहात्मक स्वभाव, मानसिक उत्तेजना, क्रोधोन्माद, आवेग, उलझन, परेशानी, असमंजस, हिंसा आदि भावों की अभिव्यक्ति इस तमोगुणी पाप ग्रह द्वारा होती है।

आकस्मिक धन प्राप्ति, खोई हुई वस्तु, राजनीति, विदेश यात्रा, उच्च पद प्राप्ति आदि विषयों में राहु का बड़ा हाथ है। आकस्मिक घटित होने वाली सभी घटनाएं प्राय: राहु अथवा केतु के प्रभाव से ही घटित होती हैं।

केतु

केतु को ध्वज एवं शिखि भी कहा जाता है। यह आचारहीन वर्ण संकर जाति का, कठोर स्वभाव, मलिन रूप, तमोगुणी पाप ग्रह है। यह रहस्यमयी एवं गुप्त षड्यन्त्रों के लिए प्रसिद्ध है। स्वयं आगे न आकर, परोक्ष युक्तियों द्वारा काम संवारना-बिगाड़ना इसकी प्रवृत्ति है।

इसकी क्रियाएं प्राय: आन्तरिक हैं। यह अन्य ग्रहों की तुलना में सर्वाधिक रहस्यवादी है। व्यक्ति को हृदयहीन, विश्वासघाती और कृतघ्न बनाने वाला यह ग्रह अचानक और अनायास बहुत कुछ देता भी है; किन्तु, व्यवधान और रुकावट लाना अपना कर्तव्य मानता है।

अचानक उन्नति या अवनति, दुर्घटना, पदच्युति, अपमान, उलझन, आर्थिक तंगी–यह सब इसकी प्रवृत्ति में है।

नक्षत्र एवं राशि परिचय

आकाश में सूर्य के परिभ्रमण के मार्ग को क्रान्ति वृत्त कहते हैं। इस क्रान्ति वृत्त में प्रकाश पुंजों (तारों) के बारह समूह हैं, जिन्हें राशि चक्र कहते हैं। यह ग्रहों की एक पट्टी है, जो बारह राशियों में विभक्त है। यह राशि मण्डल आकाश में वह पुनीत मेखला है, जहां पर विभिन्न ग्रह अपना-अपना पथ निर्माण कर भ्रमण करते रहते हैं।

प्रत्येक राशि की अपनी विशेषता है, अपना महत्व है, अपना स्वरूप है और अपने-अपने गुण हैं।

बारह राशियों में कुल 27 नक्षत्र हैं। नक्षत्र भी तारे ही हैं; किन्तु ये साधारण तारों की भांति टिमटिमाते नहीं हैं, बल्कि लगातार चमकते रहते हैं। इनकी चमक बहुत अधिक होती है। एक-एक नक्षत्र में कई-कई तारे होते हैं। ये नक्षत्र समूह मिलकर जो आकृति बनाते हैं, उसी के अनुसार राशियों के नाम रखे गए हैं। यथा–

नाम	चिन्ह
1. मेष	मेढ़ा
2. वृष	बैल
3. मिथुन	जुड़वां
4. कर्क	केकड़ा
5. सिंह	शेर
6. कन्या	कुमारी

उत्तरी आकाश की राशियां

दक्षिणी आकाश की राशियां

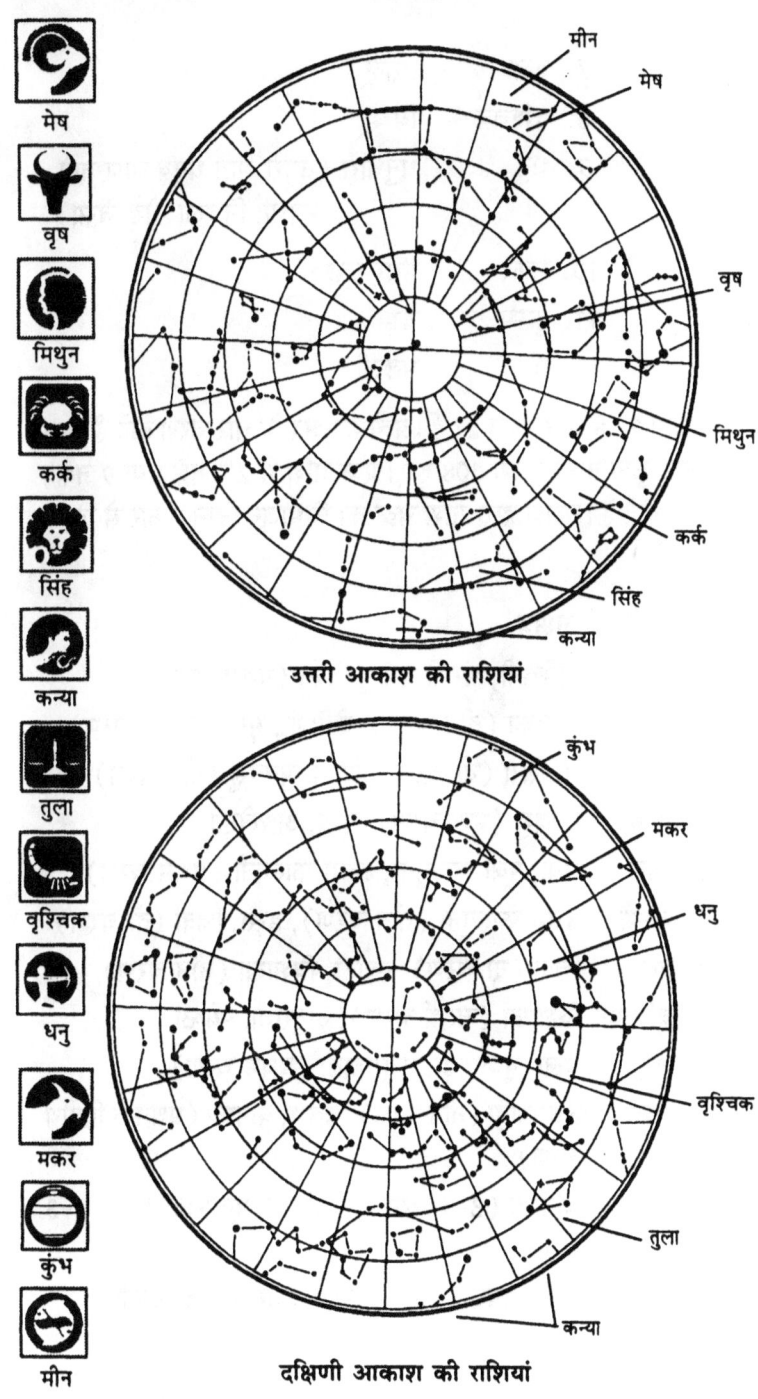

7.	तुला	तराजू
8.	वृश्चिक	बिच्छू
9.	धनु	धनुर्धारी (उपरी भाग धनुष बाण ताने मनुष्य, निचला घोड़े जैसा)
10.	मकर	मगरमच्छ
11.	कुम्भ	घड़ा
12.	मीन	मछली

राशियां 12 हैं और नक्षत्र 27 हैं। प्रत्येक नक्षत्र के चार चरण होते हैं। इस प्रकार कुल नक्षत्र चरण 108 हुए। एक राशि में $2\frac{1}{4}$ नक्षत्र या 9 नक्षत्र चरण होते हैं। नक्षत्रों द्वारा राशि चक्र का विभाजन निम्न प्रकार से किया गया है:

	राशि	नक्षत्र
1.	मेष	अश्विनी, भरणी एवं कृतिका (प्रथम चरण)
2.	वृष	कृतिका (तीन चरण), रोहिणी, मृगशिरा (दो चरण)
3.	मिथुन	मृगशिरा (दो चरण), आर्द्रा, पुनर्वसु (तीन चरण)
4.	कर्क	पुनर्वसु (एक चरण), पुष्य, आश्लेखा
5.	सिंह	मघा, पूर्वा फाल्गुनी, उत्तरा फाल्गुनी (प्रथम चरण)
6.	कन्या	उत्तरा फाल्गुनी (तीन चरण), हस्त, चित्रा (दो चरण)
7.	तुला	चित्रा (दो चरण), स्वाती, विशाखा (तीन चरण)
8.	वृश्चिक	विशाखा (चतुर्थ चरण), अनुराधा, ज्येष्ठा
9.	धनु	मूला, पूर्वाषाढ़ा, उत्तराषाढ़ा (प्रथम चरण)
10.	मकर	उत्तराषाढ़ा (तीन चरण), श्रवण, धनिष्ठा (प्रथम व द्वितीय चरण)
11.	कुम्भ	धनिष्ठा (3-4 चरण), सतभिषा, पूर्वाभाद्रपद (1-2-3 चरण)
12.	मीन	पूर्वाभाद्रपद (चतुर्थ चरण), उत्तराभाद्रपद, रेवती।

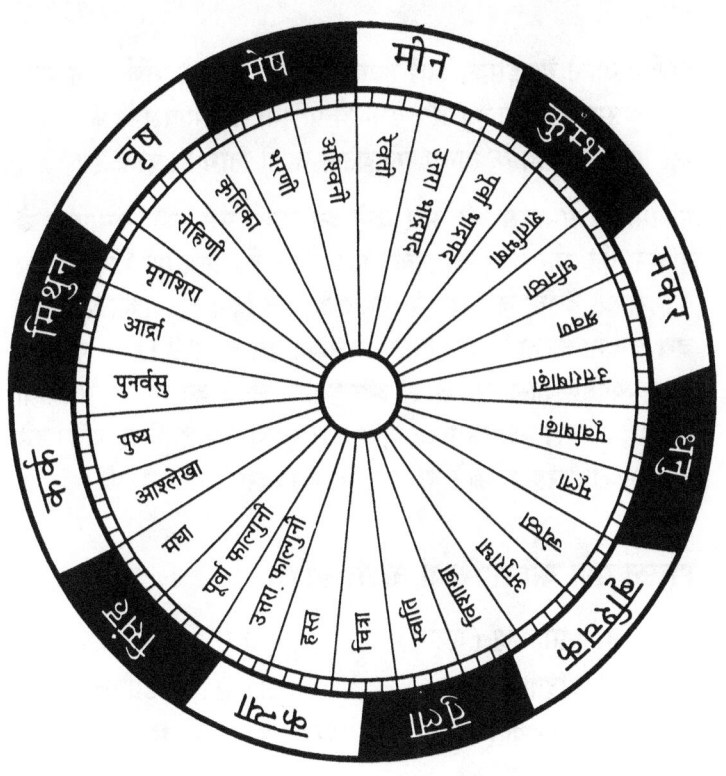

आकाश में राशियों व नक्षत्रों का स्थान

तिथियां

ज्योतिष के अनुसार सूर्य और चंद्रमा के बीच की दूरी मापने को तिथि कहा जाता है। दूसरे शब्दों में, तिथियां हमें बताती हैं कि चन्द्रमा और सूर्य की किस समय कितनी दूरी है। इस बात को कुछ और स्पष्ट करके ऐसे समझा जा सकता है– पृथ्वी सूर्य के चारों ओर घूमती है और चन्द्रमा पृथ्वी के चारों ओर। इस बीच पृथ्वी से सूर्य और चन्द्र कभी तो एक ही डिग्री पर दिखाई देते हैं और कभी 180 डिग्री पर। जब दोनों एक ही डिग्री पर दिखाई देते हैं, तब अमावस्या और जब 180 डिग्री का अन्तर होता है, तब पूर्णमासी (पूर्णिमा) होती है। यह एक मास में एक बार होता है; अर्थात् 30 दिनों में एक बार अमावस और एक बार

पूर्णिमा आती है। इसका अर्थ हुआ कि अमावस्या से पूर्णिमा के बीच क्रमिक समय लगता है। और ऐसा ही पूर्णिमा से अमावस के बीच भी। इस क्रमिक समय के अन्तर को बताने वाली तिथि ही होती है।

पूर्णिमा से अमावस की ओर जाने को कृष्ण पक्ष, और अमावस से पूर्णिमा की ओर जाने को शुक्ल पक्ष कहते हैं। साधारण भाषा में हम कह सकते हैं कि जब चन्द्रमा बढ़ता है, उन दिनों को शुक्ल पक्ष और जब चन्द्रमा घटता है, उन दिनों को कृष्ण पक्ष कहते हैं। दोनों पक्षों के लिए ज्योतिष शास्त्र में 'शुदि' और 'बदि' शब्दों का भी प्रयोग किया जाता है। शुक्ल पक्ष के लिए शुदि और कृष्ण पक्ष के लिए बदि। इसे और अच्छी तरह समझने के लिए निम्न विवरण ध्यान से पढ़ें।

शुक्ल पक्ष की तिथियां अंशों सहित

1. प्रतिपदा (एकम्) — 0 से 12 डिग्री तक
2. द्वितीया (दूज) — 12 से 24 डिग्री तक
3. तृतीया (तीज) — 24 से 36 डिग्री तक
4. चतुर्थी (चौथ) — 36 से 48 डिग्री तक
5. पंचमी — 48 से 60 डिग्री तक
6. षष्ठी (छठ) — 60 से 72 डिग्री तक
7. सप्तमी — 72 से 84 डिग्री तक
8. अष्टमी — 84 से 96 डिग्री तक
9. नवमी — 96 से 108 डिग्री तक
10. दशमी — 108 से 120 डिग्री तक
11. एकादशी — 120 से 132 डिग्री तक
12. द्वादशी — 132 से 144 डिग्री तक
13. त्रयोदशी (तेरस) — 144 से 156 डिग्री तक
14. चतुर्दशी (चौदस) — 156 से 168 डिग्री तक
15. पूर्णमासी (पूर्णिमा) — 168 से 180 डिग्री तक

कृष्ण पक्ष की तिथियां अंशों सहित

1. प्रतिपदा   180° के अन्त से 168° के अन्त तक
2. द्वितीया   168° के अन्त से 156° के अन्त तक
3. तृतीया   156° के अन्त से 144° के अन्त तक
4. चतुर्थी   144° के अन्त से 132° के अन्त तक
5. पंचमी   132° के अन्त से 120° के अन्त तक
6. षष्ठी   120° के अन्त से 108° के अन्त तक
7. सप्तमी   108° के अन्त से 96° के अन्त तक
8. अष्टमी   96° के अन्त से 84° के अन्त तक
9. नवमी   84° के अन्त से 72° के अन्त तक
10. दशमी   72° के अन्त से 60° के अन्त तक
11. एकादशी   60° के अन्त से 48° के अन्त तक
12. द्वादशी   48° के अन्त से 36° के अन्त तक
13. त्रयोदशी   36° के अन्त से 24° के अन्त तक
14. चतुर्दशी   24° के अन्त से 12° के अन्त तक
15. अमावस   12° के अन्त से   0° तक

सूर्य एवं चन्द्रमा के बीच की दूरी के अतिरिक्त चन्द्रमा के घटने-बढ़ने की स्थिति भी उक्त सारिणी से स्पष्ट हो जाती है।

वैसे तो साधारणतया एक चन्द्र मास में 30 तिथियां होती हैं; परन्तु कभी-कभी एक तिथि कम भी हो जाती है। ऐसा ही वर्ष को लेकर भी होता है। बारह चन्द्रमासों का एक वर्ष होता है, किन्तु चन्द्र वर्ष और सूर्य वर्ष के दिनों में अन्तर होता है। चन्द्रमा लगभग 354 दिन में पृथ्वी के 12 चक्कर लगाता है, जबकि पृथ्वी सूर्य का चक्कर 365 दिन में पूरा करती है। इस प्रकार दोनों में लगभग 11 दिन का अन्तर रह जाता है। इस अन्तर को मिटाने के लिए मलमास (अधिक मास, जिसे पुरुषोत्तम मास भी कहते हैं) का ज्योतिष में आयोजन किया गया है। प्रति तीन वर्ष के पश्चात् एक मास बढ़ा दिया जाता है, इससे सूर्य वर्ष और चन्द्र वर्ष का अन्तर प्राय: मिट जाता है। इस्लाम धर्म में ऐसी व्यवस्था नहीं

है, इसलिए उनके ताजिए और रोज़े कभी सर्दियों में होते हैं, तो कभी गर्मियों में।

तिथियों को अंकों में भी लिखा जाता है। प्रतिपदा से चतुर्दशी तक (दोनों पक्षों में) जो तिथि हो, वही अंक लिखा जाता है। पूर्णिमा को 15 ही लिखा जाता है, किन्तु अमावस्या को 15 न लिखकर 30 लिखा जाता है। अर्थात् मास के अंतिम तीसवें दिन का सांकेतिक अंक।

मतान्तर से तिथियां सोलह भी मानी जाती हैं; यथा प्रतिपदा से चतुर्दशी तक चौदह, पूर्णिमा पन्द्रह और अमावस सोलह। ऐसी दशा में भी एक पक्ष में पंद्रह तिथियां होती हैं और दो पक्षों में (अर्थात् एक मास में) तीस तिथियां ही होती हैं। तिथि को मिति भी कहते हैं।

करण

तिथि के आधे भाग को करण कहते हैं। एक चन्द्र मास में 30 तिथियां होने से 60 करण हुए।

करण कुल ग्यारह होते हैं; चार स्थिर तथा सात चर। किन्सतुघ्न, शकुन, चतुष्पाद व नाग–ये चार स्थिर करण हैं, जो मास में केवल एक-एक बार ही आते हैं। शेष सात चर करणों यथा बब, बालव, कौलव, तैतिल, गरज, वणिज एवं विष्टि की आठ बार आवृत्ति होती है। इस प्राकर 7 × 8 = 56 + 4 = 60 करण बन जाते हैं। सातवें चर करण विष्टि को ही भद्रा कहते हैं, जिसे शुभ कार्यों में त्याग दिया जाता है। करण तालिका निम्न प्रकार है–

शुक्ल पक्ष			कृष्ण पक्ष		
तिथि	पूर्वार्ध	उत्तरार्ध	तिथि	पूर्वार्ध	उत्तरार्ध
1.	किन्सतुघ्न	बब	1.	बालव	कौलव
2.	बालव	कौलव	2.	तैतिल	गरज़
3.	तैतिल	गरज	3.	वणिज	विष्टि
4.	वणिज	विष्टि	4.	बब	बालव

जारी...

शुक्ल पक्ष			कृष्ण पक्ष		
तिथि	पूवार्ध	उत्तरार्ध	तिथि	पूवार्ध	उत्तरार्ध
5.	बब	बालव	5.	कौलव	तैतिल
6.	कौलव	तैतिल	6.	गरज	वणिज
7.	गरज	वणिज	7.	विष्टि	बब
8.	विष्टि	बब	8.	बालव	कौलव
9.	बालव	कौलव	9.	तैतिल	गरज
10.	तैतिल	गरज	10.	वणिज	विष्टि
11.	वणिज	विष्टि	11.	बब	बालव
12.	बब	बालव	12	कौलव	तैतिल
13.	कौलव	तैतिल	13.	गरज	वणिज
14.	गरज	वणिज	14.	विष्टि	शकुन
15.	विष्टि	बब	30	चतुष्पद	नाग

वार

भारतीय ज्योतिष में सूर्योदय से लेकर दूसरे दिन सूर्योदय तक की अवधि को 'वार' माना जाता है। उदाहरणार्थ सोमवार को सूर्योदय से दो मिनट पूर्व भी हम रविवार ही मानेंगे । अंग्रेजी तारीखों की तरह रात के बारह बजे तारीख व वार भारतीय ज्योतिष में नहीं बदलते।

योग

सूर्य और चन्द्र राश्यंशों का योग जब 13 अंश 20 कला या इसके गुणक में पूर्ण हो जाता है, तब एक योग होता है, अर्थात् सूर्य और चन्द्रमा मिलकर (दोनों की गति के योग से) जितनी देर में 13 अंश 20 कला चलते हैं, उतनी देर में एक योग माना जाता है। योग अन्य प्रकार के भी होते हैं। अतः सूर्य एवं चन्द्रमा की गति से होने वाले इन योगों को विशकुम्भ आदि योग कहते हैं। इनकी संख्या 27 है। जिनके नाम इस प्रकार हैं–

1. विशकुम्भ	2. प्रीति	3. आयुष्मान	4. सौभाग्य
5. शोभन	6. अतिगंड	7. सुकर्मा	8. धृति
9. शूल	10. गंड	11. वृद्धि	12. ध्रुव
13. व्याघात	14. हर्षण	15. वज्र	16. सिद्धि
17. व्यतिपात	18. वरीयान	19. परिघ	20. शिव
21. सिद्ध	22. साध्य	23. शुभ	24. शुक्ल
25. ब्रह्म	26. ऐन्द्र	27. वैधृति।	

पंचांग परिचय

किसी समय को व्यक्त करने के लिए तिथि, वार, नक्षत्र, योग और करण का व्यवहार किया जाता है। इस कारण इन पांच अंगों का जिस पुस्तक में परिचय हो, उसे पंचांग (पंच+अंग) कहते हैं। ज्योतिष में रुचि रखने वालों को पंचांग देखने का अभ्यास अवश्य करते रहना चाहिए।

पाठकों से अनुरोध है कि यदि उनके पास पंचांग न हो, तो अवश्य ही एक पंचांग खरीद लें और उसे प्रतिदिन बार-बार देखने और पढ़ने का अभ्यास शुरू कर दें। अभ्यास इस प्रकार से करें कि प्रतिदिन पंचांग में स्वयं देखें कि आज क्या तिथि है, क्या वार है, क्या नक्षत्र है, क्या तारीख है, दिनमान कितना है, तिथि कितनी देर तक रहेगी, नक्षत्र कितनी देर तक रहेगा। आज चन्द्रमा किस राशि में कब तक रहेगा, सूर्योदय का समय क्या है, सूर्यास्त का समय क्या है, सूर्य किस राशि में है, चन्द्रमा किस राशि में है एवं अन्य ग्रह किस-किस राशि में हैं, इत्यादि।

पहले कुछ दिन तो आपको कुछ कठिनाई का अनुभव हो सकता है, किन्तु धीरे-धीरे कठिनाई दूर होकर आपकी रुचि बढ़ेगी। जब कुछ-कुछ समझ में आने लगेगा तो प्रसन्नता होगी, और अधिक जानने की जिज्ञासा भी बलवती होगी।

पंचांग को पत्री या पतरा भी कहते हैं। उर्दू में छपने वाले पंचांग को जन्त्री कहते हैं। उर्दू की जन्त्री में तिथि, वार, नक्षत्र और योग का उल्लेख तो रहता है, किन्तु करण का उल्लेख नहीं होता। इसीलिए इन्हें पंचांग न कह कर जंत्री कहा जाता है। पंचांग तो उसे ही कहा जाएगा, जिसमें पांचों अंगों का विवरण हो।

प्राय: सभी पंचांगों में पंचांग देखने की विधि दी रहती है। आप वही पंचांग खरीदें, जिसमें देखने की विधि दी गई हो। उसे पढ़ कर पंचांग देखना सुगम हो जाएगा।

पंचांग में प्राय: बहुधा शब्दों का सांकेतिक रूप में ही प्रयोग होता है। **उदाहरणार्थ:** नक्षत्र का पूरा नाम न लिखकर उसका प्रथम अक्षर ही लिखा होता है, जैसे अश्विनी को 'अ', भरणी को 'भ' कृतिका को 'कृ', रोहिणी को 'रो' इत्यादि। इसी प्रकार योग का पूरा नाम न लिखकर उसके नाम का प्रथम अक्षर, जैसे विश्कुम्भ को 'वि' शोभन को 'शो', शूल को 'शू', शुभ को 'शु', धृति को 'धृ', परिघ को 'प', व्यतिपात को 'व्य', व्याघात को 'व्या', इत्यादि। इसी प्रकार करण का पूरा नाम न लिखकर उसका प्रथमाक्षर ही लिखते हैं। इसी प्रकार दिनमान को 'दि. मा'., रात्रिमान को 'रा. मा'., सूर्य उदय को 'सू. उ.', सूर्य अस्त को 'सू. अ.' लिखा जाता है। कई पंचांगों में सूर्योदय-सूर्यास्त के स्थान पर रवि-उदय, रवि-अस्त का संकेत रूप 'र. उ' व 'र. अ.' लिखा रहता है। इसी प्रकार महीने के नाम का भी केवल प्रथमाक्षर ही लिखा रहता है। आजकल पंचांग भी ढेरों छप रहे हैं। सब में एकरूपता नहीं होती। किसी में लग्न के आरम्भ का समय दिया रहता है, तो किसी में लग्न की समाप्ति का। इसी प्रकार अन्य कई बातों में भी भिन्नता हो सकती है। साधारणतया समान रूप में होने वाली परिपाटी की रूपरेखा यहां दे दी गई है। इसे जानकर एवं पंचांग में विधि पढ़कर आपको कोई भी पंचांग देखना सुगम हो जाएगा।

जन्म कुण्डली क्या है?

जन्म कुण्डली आकाश का नक्शा है। जिस समय किसी बालक का जन्म होता है, उस समय आकाश पर जो ग्रह जहां-जहां, जिस स्थिति में होते हैं, उन्हें हम यहां बैठे-बैठे एक कागज़ पर लिख कर नक्शा तैयार कर लेते हैं; उसे ही जन्म कुण्डली कहते हैं।

जन्म कुण्डली के बारह खाने होते हैं, जैसा कि सामने प्रदर्शित किया गया है। जहां 'प्रथम' लिखा है, वह कुण्डली का प्रथम खाना है। खाना कहिए, भाव कहिए, घर कहिए या स्थान कहिए; एक ही बात है।

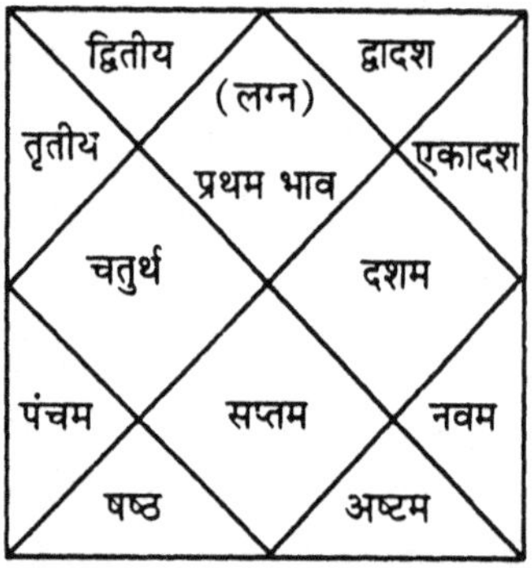

प्रथम भाव को ही लग्न कहते हैं। जब जन्म कुण्डली अर्थात् आकाश का नक्शा बनाना है, तो उसे इसी प्रथम भाव-लग्न से ही शुरू किया जाता है। लग्न पूर्वीय क्षितिज है, जहां से सूर्योदय होता है। सप्तम भाव पश्चिम क्षितिज है– जहां सूर्य अस्त होता है। दशम भाव हमारे ऊपर, हमारे सिर पर जो आकाश का भाग है, वह है। चतुर्थ भाव हमारे बिल्कुल नीचे, पृथ्वी के नीचे जो आकाश का भाग (पाताल) है, वह है।

ऊपर जो क्रमांक दिए गए हैं, वे कुण्डली का स्थान प्रदर्शित करते हैं, यथा–जहां प्रथम लिखा है वह प्रथम भाव, जहां द्वितीय लिखा है वह द्वितीय भाव, जहां तृतीय लिखा है वह तृतीय भाव, जहां पंचम लिखा है वह पंचम भाव, जहां अष्टम लिखा है वह अष्टम और जहां द्वादश लिखा है वह द्वादश भाव है।

प्रत्येक कुण्डली में इसी क्रमानुसार बारह भाव होते हैं। भावों की कुल संख्या बारह है और राशियां भी बारह ही हैं। कुण्डली में भाव संख्या लिखी नहीं जाती, केवल याद रखी जाती है।

जब जन्म कुण्डली बनाई जाती है तो उसका आरंभ प्रथम भाव-लग्न से ही होता है और भावों का क्रम प्रत्येक कुण्डली में ऊपर बताए अनुसार ही होता है। परन्तु, कुण्डली में अंक राशि के अनुसार ही भरे जाते हैं।

मेष लग्न कुण्डली

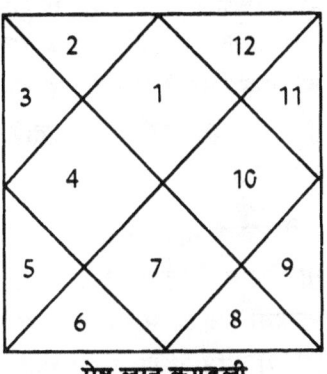

मान लीजिए किसी का जन्म मेष लग्न में हुआ, तो मेष प्रथम राशि होने से प्रथम भाव में एक का अंक लिखा और उसके आगे क्रमानुसार दूसरे भाव में दो, चौथे भाव में चार, सातवें भाव में सात, नवम भाव में नौ और द्वादश भाव में बारह का अंक लिखा जाएगा। इस प्रकार कुण्डली पूर्ण रूप से ऐसी बन जाएगी, जैसी यहां प्रदर्शित की गई है।

यदि जन्म कर्क लग्न का हो, तो कर्क चौथी राशि होने से प्रथम भाव में चार का अंक लिखा जाएगा और क्रमानुसार दूसरे भाव में पांच, चौथे भाव में सात, छठे भाव में नौ, आठवें भाव में ग्यारह, दशम भाव में एक का अंक और बारहवें भाव में तीन का अंक लिखा जाएगा। तब पूर्ण रूप से कुण्डली ऐसी बन जाएगी, जैसे यहां प्रदर्शित की गई है।

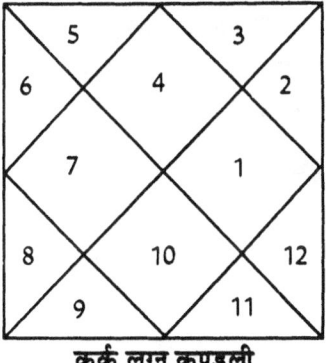

कर्क लग्न कुण्डली

यदि किसी का जन्म वृश्चिक लग्न में हुआ हो, तो वृश्चिक आठवीं राशि होने से प्रथम भाव में आठ का अंक लिखा जाएगा, फिर क्रमानुसार

एक-एक बढ़ते हुए पंचम भाव में बारह का और षष्ठ भाव में एक का अंक, अष्टम भाव में तीन का अंक, ग्यारहवें भाव में छह का अंक और अन्त में बारहवें भाव में सात का अंक लिखने से कुण्डली ऐसी ही बन जाएगी जैसी सामने प्रदर्शित की गई है।

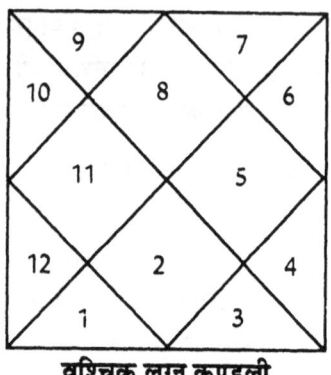

वृश्चिक लग्न कुण्डली

इसी प्रकार यदि किसी का जन्म मीन लग्न में हुआ हो, तो मीन बारहवीं (बारह नम्बर की) राशि होने से लग्न अर्थात् प्रथम भाव में बारह का अंक लिख कर आगे बढ़ते जाएंगे। दूसरे भाव में एक का अंक, तीसरे में दो का, चौथे में तीन का, सातवें में छ: का, दशम भाव में नौ का और द्वादश भाव में ग्यारह का अंक लिखने पर कुण्डली बिल्कुल ऐसी बन जाएगी, जैसी सामने प्रदर्शित की गई है।

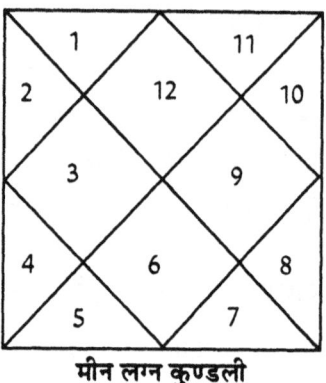

मीन लग्न कुण्डली

इस तरह से कोई भी कुण्डली बनानी हो तो जन्म के समय जो लग्न हो, उस लग्न की राशि का अंक प्रथम भाव में लिख कर एक-एक अंक क्रमश: आगे बढ़ाते हुए सभी बारह भावों की पूर्ति की जाती है।

जन्म कुण्डली का महत्व

आप यह पढ़ चुके हैं कि ज्योतिष द्वारा हर व्यक्ति के भूत, भविष्य एवं वर्तमान को जाना जा सकता है, किन्तु कैसे?

किसी भी व्यक्ति के भूत, भविष्य एवं वर्तमान के सभी हालात जानने के लिए उसकी जन्म कुण्डली ही आधारभूत वस्तु है। प्रत्येक व्यक्ति की

जन्म कुण्डली उसके जीवन की झांकी होती है। व्यक्ति के जीवन की सभी घटनाएं, उसकी जीवन यात्रा का रंग रूप इत्यादि सब कुछ उसकी जन्म कुण्डली में निहित होता है। यही इसकी विशेष महत्ता है।

जन्म कुण्डली के बारह भाव

केन्द्र	:	प्रथम, चतुर्थ, सप्तम एवं दशम भाव को केन्द्र कहते हैं।
पणफर	:	द्वितीय, पंचम, अष्टम एवं एकादश भाव को पणफर कहते हैं।
आपोल्किम	:	तृतीय, षष्ठ, नवम एवं द्वादश भाव।
त्रिकोण	:	पंचम एवं नवम भाव।
त्रिक (दु:स्थान)	:	षष्ठ, अष्टम तथा द्वादश भाव।
त्रिषटाय	:	तृतीय, षष्ठ एवं एकादश भाव।

जन्म कुण्डली के प्रकार

कुण्डली के प्रकार	विचारणीय विषय
1. जन्म कुण्डली (लग्न कुण्डली) जन्माक्षर-जन्मांगम्	सभी विषय
2. चन्द्र कुण्डली	सभी विषय
3. होरा कुण्डली	धन-सम्पत्ति
4. द्रेष्काण कुण्डली	भ्रातृ-सुख
5. सप्तांश (सप्तमांश)	सन्तान
6. नवांश (नवमांश)	स्त्री सुख
7. द्वादशांश	माता-पिता के सुख
8. त्रिशांश	कामनाएं एवं स्त्री चारित्र

जब ज्योतिष शास्त्रों का निर्माण हुआ, तब उक्त विभिन्न प्रकार से विचार करने की परिपाटी प्रचलित थी; परन्तु आजकल यह परिपाटी

प्रायः समाप्त हो रही है। फिर भी कुछ विद्वान ज्योतिषी अभी भी इनका विचार करते हैं। जब कि मेहनत से कतराने वाले बहुत से ज्योतिषी इसे अनावश्यक कहकर टाल देते हैं। यह पुस्तक विशेष कर नवीन पाठकों के लिए है, अतः उनकी जानकारी के लिए यह सब कुछ लिख दिया है।

जन्म राशि जानना

जन्म कुण्डली में चन्द्रमा जिस राशि में स्थित हो, वही उस जातक की जन्म राशि होती है। चन्द्रमा चाहे अकेला हो या उसके साथ कोई अन्य ग्रह भी हो।

कई कुण्डलियों में लग्न भाव में (प्रथम भाव में) ही चन्द्रमा की स्थिति होती है तब लग्न राशि और जन्म राशि एक ही होती है। अर्थात् प्रत्येक कुण्डली में, प्रत्येक दशा में जन्म राशि वही होगी जहां चन्द्रमा स्थित होगा।

जन्म कुण्डली क्या है? जन्म कुण्डली का क्या महत्व है? यह आप पिछले पृष्ठों में पढ़ चुके हैं। अब आपको जन्म कुण्डली बनाने की विधि बताई जाएगी।

जन्म कुण्डली बनाने की विधि

जिसकी जन्म कुण्डली बनाई जाती है, उसे 'जातक' कहा जाता है। जिस जातक की जन्म कुण्डली आपको बनाना हो, सर्वप्रथम एक काग़ज पर उसकी जन्म-तारीख, ठीक जन्म समय और जन्म स्थान (जिस शहर में जातक का जन्म हुआ हो) नोट कर लें।

अब एक कागज़ पर एक कुण्डली बनाएं। अब पंचांग में देखें कि उस तारीख़ को, उस शहर में, उस समय कौन सा लग्न था। किसी भी शहर में, किसी भी तारीख को किस समय कौन सा लग्न है-यह देखने की विधि पंचांग में ही दी हुई होती है, उसके अनुसार देखकर जो लग्न राशि आए वह राशि का अंक अपनी बनाई कुण्डली के प्रथम भाव

में लिखकर, प्रत्येक भाव में एक-एक अंक क्रमशः बढ़ाते हुए सभी बारह भावों में अंक भर लें। इस प्रकार आपकी कुण्डली में अंकों की पूर्ति तो हो गई, अब उसमें निम्न प्रकार से ग्रहों को स्थित करें। एक-एक ग्रह को लेकर सभी नौ ग्रहों की स्थिति करना है। प्रायः सभी पंचांगों में आठ-आठ दिन के अन्तर से कुण्डलियां बनी होती हैं, आप अपनी तारीख के निकटवर्ती पहली एक और निकटवर्ती पश्चात की एक कुण्डली को देखकर एक-एक ग्रह की पूर्ति करें।

जो ग्रह पिछली और अगली दोनों कुण्डलियों में एक ही राशि में हों, जैसे मंगल यदि पिछली कुण्डली में कर्क राशि में है, और अगली कुण्डली में भी कर्क राशि में है, तो उसे आप बिना अधिक खोज किए तुरन्त कर्क राशि में लगा लें। इसी प्रकार, एक-एक ग्रह को लेकर समस्त नौ ग्रहों की पूर्ति करें। जो ग्रह पिछली कुण्डली में और अगली कुण्डली में भिन्न-भिन्न राशियों में हो, उसके लिए पंचांग में देखें कि वह ग्रह इस बीच में किस दिन, किस समय दूसरी राशि में गया है। आप जिस समय की कुण्डली बना रहे हों, उस समय वह ग्रह जिस राशि में था, उसी राशि में उसे अपनी कुण्डली में स्थापित करें। उदाहरणार्थ आप किसी महीने की 12 तारीख को दिन के दस बजे जन्मे व्यक्ति की कुण्डली बना रहे हैं। पंचांग में आपको 8 तारीख और 15 तारीख की कुण्डली मिली है। आठ तारीख की कुण्डली में शुक्र वृष राशि में है और 15 तारीख की कुण्डली में शुक्र मिथुन राशि में है। आपको पंचांग में देखने से पता चला कि शुक्र 13 तारीख को रात्रि के ग्यारह बजे मिथुन राशि में आया है। अर्थात् इससे पहले वह वृष राशि में था। चूंकि आपको 12 तारीख को दिन के दस बजे की उसकी स्थिति देखनी है, सो स्पष्ट हुआ कि शुक्र 12 तारीख को दिन के दस बजे वृष राशि में ही था। सो आप अपनी निर्मित कुण्डली में शुक्र को वृष राशि में लगाएंगे।

इसी प्रकार आपने देखा कि शनि पिछली कुण्डली में मेष राशि में है और अगली कुण्डली में मीन राशि में है। खोज करने पर पंचांग से पता

चला कि शनि जो वक्री (पीछे की ओर) चल रहा था 10 तारीख को मीन राशि में आ गया है। अत: यह स्पष्ट हो गया कि आपकी नवनिर्मित कुण्डली में शनि मीन राशि में ही लगेगा।

इस प्रकार एक-एक करके जब आपने सभी नौ ग्रहों की पूर्ति कर ली, तो आपकी जन्म कुण्डली पूर्ण रूप से निर्मित हो गई। अभ्यास हो जाने पर आप इसे केवल पांच मिनट में ही बना लेंगे।

जन्म पत्रिका के रूप

जन्म पत्रिका दो प्रकार से निर्मित करने की परिपाटी प्रचलित है। एक संक्षिप्त जन्म पत्रिका और दूसरी विस्तृत जन्म पत्रिका। संक्षिप्त जन्म पत्रिका को जन्म कुण्डली, टेवा, जन्मांगम, जन्माक्षर आदि कहते हैं। अंग्रेजी में इसे बेसिक होरोस्कोप या बर्थचार्ट कहते हैं।

आजकल बाजार में पाकेट साइज की छपी हुई कोरी कापियां 'जन्म पत्रिका' एवं 'जन्माक्षर' के नाम से उपलब्ध हैं। इनमें बारह खाने की दो कुण्डलियां—एक जन्म लग्न कुण्डली और दूसरी चन्द्र कुण्डली बनी होती है। जातक जन्म से संबंधित सारा ब्यौरा जैसे: पिता का नाम, दादा का नाम, माता का नाम, जन्म तारीख, समय, सम्वत, सन्, तिथि, नक्षत्र, नक्षत्र-चरण, योग, करण, सूर्योदय, सूर्यास्त, पक्ष, मास, इत्यादि लिखा होता है। आपको केवल रिक्त स्थानों की पूर्ति जातक की स्थिति के अनुसार करनी होती है। जब आपको जन्मकुण्डली बनाना आ गया, तो कागज़ पर बनाई जन्म कुण्डली तथा जन्म संबंधी ब्यौरे को इस कापी में लिख देने से आपकी जन्म पत्रिका ऐसे ही तैयार हो गई, जैसे किसी विद्वान पण्डित से बनवाई हो।

विस्तृत जन्म पत्रिका बनाने का काम बहुत कठिन है और उसमें गणित की भी कुछ जटिलताएं हैं। यह पुस्तक नवीन पाठकों के लिए है और विस्तृत जन्म पत्रिका बनाना इनके स्तर की बात नहीं है। नवीन पाठकों के लिए संक्षिप्त जन्म पत्रिका बनाना ही पर्याप्त है।

संक्षिप्त जन्म पत्रिका एवं विस्तृत जन्म पत्रिका में क्या अन्तर है? नवीन पाठकों को इसकी जानकारी दे देना उचित रहेगा।

विस्तृत जन्मपत्रिका में लग्न तथा सभी नौ ग्रहों का संशोधन किया जाता है। कोई भी ग्रह किस-किस राशि, अंश, कला, विकला में है—सारी स्थिति निश्चित की जाती है। इसे ग्रह स्पष्ट कहते हैं। इसी प्रकार बारहों भाव भी स्पष्ट किए जाते हैं। फिर चलित चक्र बनाया जाता है, और फिर ग्रहों को श्रेणीबद्ध किया जाता है। गणित की जटिलताओं को लांघ कर स्पष्ट ग्रह के आधार पर होरा कुण्डली, द्रेष्काण कुण्डली, सप्तमांश कुण्डली, नवमांश कुण्डली, द्वादशांश कुण्डली एवं त्रिशांश कुण्डली का निर्माण किया जाता है। इसे सप्तवर्ग कहा जाता है। यह सब मिलाकर विस्तृत जन्म पत्रिका बनती है। इसके अतिरिक्त विंशोत्तरी महादशा, अंतर्दशा एवं ग्रहों का फलादेश भी लिखा जाता है।

चन्द्र कुण्डली बनाना

जन्म कुण्डली का निर्माण हो जाने के पश्चात् चन्द्र कुण्डली बनाएं। इसकी विधि यह है कि जन्म कुण्डली में चन्द्रमा जिस राशि में है, वही राशि लग्न मान कर अंकों के अनुसार सभी भाव भर लें। यही चन्द्र कुण्डली होगी। उदाहरणार्थ यहां एक जन्म कुण्डली दी जा रही है। इसमें कर्क लग्न है। अब इसकी चन्द्र कुण्डली बनानी है। लग्न कुण्डली में चन्द्रमा मकर राशि में है, इसलिए चन्द्र कुण्डली में हमने लग्न मकर राशि का लिखा, अर्थात् लग्न में मकर राशि का अंक 10 लिखा।

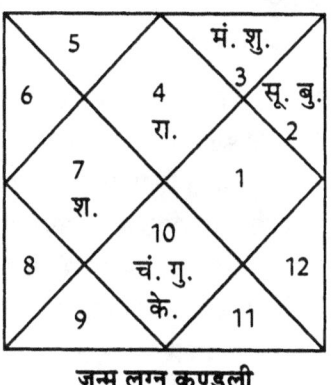

जन्म लग्न कुण्डली

दूसरे भाव में ग्यारह का अंक, चौथे भाव में एक का अंक और इसी प्रकार एक-एक अंक बढ़ाते हुए सभी बारह खानों की पूर्ति कर ली।

फिर जन्म लग्न कुण्डली के अनुसार जिस-जिस राशि में जो-जो ग्रह थे, वे भी भर लिए; अर्थात् मकर राशि में चन्द्र, गुरु एवं केतु, वृष राशि में सूर्य तथा बुध, मिथुन राशि में मंगल तथा शुक्र, कर्क में राहु तथा तुला राशि में शनि लिख दिया। अब यह चन्द्र कुण्डली बिल्कुल ऐसी तैयार हो गई, जैसे सामने प्रदर्शित की गई है।

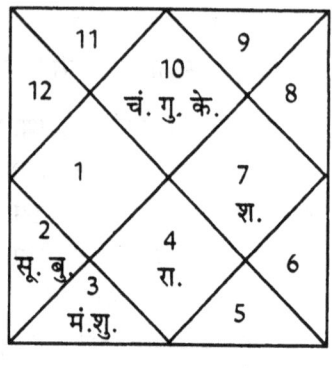

चन्द्र लग्न कुण्डली

चन्द्र लग्न कुण्डली का महत्व

जिस प्रकार लग्न कुण्डली से ग्रहों की स्थिति देखी जाती है, उसी प्रकार चन्द्र कुण्डली से भी ग्रहों की स्थिति देखना आवश्यक होता है। अतः चन्द्र कुण्डली का महत्व भी ऐसा ही है, जैसा जन्म लग्न कुण्डली का।

प्राचीन काल से जन्म पत्रिका बनाते समय जन्म लग्न कुण्डली के साथ चन्द्र कुण्डली भी बनाने की प्रथा चली आ रही है। वस्तुतः यह ज्योतिषियों की सुविधा के लिए ही है कि सभी ग्रहों की स्थिति, एक साथ-एक ही दृष्टि में स्पष्ट दिखाई दे। अन्यथा अभ्यास होने पर कोई भी जन्म लग्न कुण्डली देखकर उस पर से चन्द्र लग्न के अनुसार ग्रहों की स्थिति भी देखी जा सकती है। फिर भी चन्द्र लग्न कुण्डली पृथक बन जाने से किसी भी प्रकार की भूल की सम्भावना नहीं रहती।

शिशुओं पर चन्द्रमा का विशेष प्रभाव होता है। यही कारण है कि यदि किसी शिशु के अरिष्ट के बारे में जानना हो, तो चन्द्र लग्न कुण्डली से ही देखने को प्रधानता दी जाती है।

जन्म कुण्डली बनाने की विधि जानने के पश्चात् अब आपको फलादेश जानने की ओर आगे बढ़ना है। आपको इस योग्य बनाने के लिए और विस्तृत जानकारी दी जा रही है।

यह आप जान चुके हैं कि प्रत्येक कुण्डली के बारह भाव होते हैं, और प्रत्येक विषय इन्हीं बारह भावों में से किसी एक से संबंधित होता है। क्या-क्या विषय किस भाव से संबंधित है, इसका ब्यौरा नीचे दिया जा रहा है।

भाव   विचारणीय विषय

प्रथम भाव — इसे लग्न भी कहते हैं, इससे शरीर, रंग रूप, आकृति, प्रकृति, स्वभाव, आत्मबल, दिमाग़, स्वास्थ्य, शरीर की दुर्बलता, पुष्टता, कद, सिर, यश, प्रतिष्ठा, दादी, नाना इत्यादि का विचार किया जाता है।

कुण्डली के भाव

द्वितीय भाव — इसे धन भाव कहते हैं। इससे धन-धान्य, सोना-चांदी, रत्न, कोष, सम्पत्ति, कुटुम्ब, भोजन, मुख, चेहरा, दाहिना नेत्र, वाणी, भाषण कला, बड़े मामा-मासी का विचार किया जाता है।

तृतीय भाव — यह सहज (सहोदर) भाव है। इससे बल-पराक्रम, साहस, धैर्य-शौर्य, हाथ, बाजू, छाती, दाहिना कान, सांस की नली, श्रम, पड़ोसी, छोटे भाई-बहन आदि का विचार किया जाता है।

चतुर्थ भाव — इसे सुख स्थान या सुहृद भी कहते हैं। इस स्थान से सुख-दुख, ऐश्वर्य, माता, घर, मकान, जमीन, खेतीबाड़ी, बाग-बगीचा, तालाब, नदी, पुल, वस्त्र, आभूषण, वाहन-मोटर कार, मित्र-बन्धु, जनता, छाती, हृदय, ससुर इत्यादि का विचार किया जाता है।

पंचम भाव —	इसे सुत भाव कहते हैं। इससे संतान, विद्या, बुद्धि, भविष्य ज्ञान, श्रुति, स्मृति, शास्त्र ज्ञान, ईष्ट देव, यंत्र-मंत्र-तंत्र, लाटरी, प्रेमिका, पेट, कुक्षि, प्रथम गर्भ, बड़ी बहन के पति इत्यादि का विचार किया जाता है।
षष्ठ भाव —	इसे रिपु भाव कहते हैं। शत्रु, झगड़ा, मुकदमा, युद्ध, चोट, दुष्ट कर्म, सौतेली मां, ऋण, चिन्ता-शंका, रोग-पीड़ा, हानि, अपयश, चोर भय, बन्धन भय, अपमान, रुकावटें कमर, अंतड़ियां, नाभि, मां का छोटा भाई-बहन आदि का विचार इसी भाव से होता है।
सप्तम भाव —	इसे जाया या कलत्र स्थान कहते हैं। पति, पत्नी, विवाह, स्त्री सुख, काम वासना, वीर्य, मूत्रेन्द्रिय, व्यापार (साझेदारी) में विवाद, भतीजा-भतीजी, गर्भ स्थिति (दूसरी बार की) इत्यादि विषय इस भाव से विचारणीय हैं।
अष्टम भाव —	इसे आयु स्थान या मृत्यु स्थान भी कहते हैं। इससे मृत्यु का निदान, आयु, स्त्रियों का मांगल्य-सौभाग्य, स्त्री की ओर से धन प्राप्ति, अकल्पित लाभ, मृत व्यक्ति का धन, संकट, व्याधि, ऊंचाई से गिरना, विष, ऋण, आत्महत्या, क्लेश, विघ्न, नदी तैरना, गुदा रोग, गुप्त रोग, शत्रुभय, वस्तुनाश, मृत्यु का कारण इत्यादि का विचार किया जाता है।
नवम भाव —	इसे धर्म स्थान तथा भाग्य स्थान भी कहते हैं। धर्म, श्रद्धा, तप, तीर्थ यात्रा, भाग्योदय, दूर की यात्रा, तत्व ज्ञान, देव ग्रह, समुद्र यात्रा, गुरु, आचार्य, दीक्षा, योग, समाधि, निर्मल स्वभाव, नम्रता, जांघ, साला-साली, जीजा, भावज, बेटे-बेटी की संतान, इत्यादि विषय इस भाव से संबंधित हैं।

दशम भाव — इसे कर्म स्थान या राज्य स्थान भी कहते हैं। इससे पितृ सुख, उद्योग धंधा, व्यापार, राज्याधिकार, उच्च पद प्राप्ति, कर्म, यज्ञ, नौकरी, पदोन्नति, पदावनति, आजीविका साधन, उच्चाभिलाषा, स्थानांतरण, घुटने, सास (पत्नी की मां) इत्यादि का विचार किया जाता है।

एकादश भाव — इसे आय स्थान या लाभ स्थान भी कहते हैं। अनेक प्रकार का लाभ, आशा, इच्छा, द्रव्य लाभ, ऐश्वर्य, मित्र सुख, विद्या लाभ, ठेकेदारी, बायां कान, पिण्डलियां, बड़ा भाई, दामाद, पुत्र वधू आदि विषय इसी भाव से संबंधित हैं।

द्वादश भाव — इसे व्यय स्थान कहते हैं। इससे मोक्ष, आध्यात्मिक विद्या, गुप्त विद्या, खर्च का विचार, हानि, दान, व्यय, आत्महत्या, पाखण्ड, राजकीय संकट, दण्ड, कैद, दुख दरिद्रता, पाप, शयन सुख, नींद, वीर्य विसर्जन, ख़ुफ़िया पुलिस, ऋण, सिर पीड़ा, बायां नेत्र, पांव का पंजा, चाचा, बुआ इत्यादि का विचार होता है।

जन्म कुण्डली में बारह भावों के कारक ग्रह

प्रथम भाव — सूर्य
द्वितीय भाव — गुरु
तृतीय भाव — मंगल
चतुर्थ भाव — चन्द्र एवं बुध
पंचम भाव — गुरु
षष्ठ भाव — शनि एवं मंगल

कारक ग्रह कुण्डली

सप्तम भाव	-	शुक्र
अष्टम भाव	-	शनि
नवम भाव	-	सूर्य एवं गुरु
दशम भाव	-	सूर्य, बुध, गुरु, शनि
एकादश भाव	-	गुरु
द्वादश भाव	-	शनि

टिप्पणी: ये स्थिर कारक हैं। कुण्डली कोई भी हो, लग्न कोई भी हो, भावों के स्वामी तो प्रत्येक कुण्डली में, भावों में स्थित राशियों के अनुसार भिन्न-भिन्न होंगे, किन्तु भावों के कारक प्रत्येक कुण्डली में यही होते हैं।

कौन ग्रह किसका अधिष्ठाता?

सूर्य	-	आत्मा का अधिष्ठाता
चन्द्रमा	-	मन का अधिष्ठाता
मंगल	-	सत्त्व का अधिष्ठाता
बुध	-	वाणी (वाक शक्ति)
गुरु	-	ज्ञान का अधिष्ठाता
शुक्र	-	काम (वासना)का अधिष्ठाता
शनि	-	दुख का अधिष्ठाता

यदि कुण्डली में सूर्य बलवान होगा, तो आत्मा बलवान होगी। चन्द्रमा बलवान होगा, तो मन बलवान होगा। मंगल बलवान होगा, तो साहस-पराक्रम बलवान होगा। बुध बलवान होगा, तो वाक् शक्ति बलवान होगी। गुरु बलवान होगा, तो ज्ञान अच्छा होगा। शुक्र बलवान होगा, तो काम वासना बलवान होगी। शनि बलवान होगा, तो दुख बलवान होगा? नहीं होगा; अर्थात् शनि के बारे में उल्टा है। शनि बलवान होगा तो दुख कम होगा। निर्बल होगा तो दुख अधिक होगा।

वस्तुओं के स्थिर कारक ग्रह

ग्रह		संबंधित वस्तुएं
सूर्य	–	राज्य, राजत्व, माणिक्य, सोना, रक्त कपड़ा, पिता, पर्वत, वन, क्षेत्र, आत्मा, शरीर, प्रकाश आदि।
चन्द्रमा	-	माता, मन, चांदी, पृथ्वी, पुष्टि, गंध, रस, ईख, गेहूं, कपास आदि।
मंगल	–	सत्व, साहस, पराक्रम, भूमि, भवन, भाई, अग्नि, व्रण, रोग, आदि।
बुध	–	बुद्धि, ज्योतिष, गणित, व्यापार, होम्योपैथी, बीमा एजेन्सी, शिल्प विद्या, हास्य-विनोद, नृत्य, गाना, लेखन आदि।
गुरु	–	यज्ञ, कर्म, धर्म, देवता, पुत्र, पति, पितामह, सोना मित्रादि।
शुक्र	–	पत्नी, अन्य स्त्री, कामवासना, यौवन, सुंदरता, ऐश्वर्य, आभूषण, सुकुमारता, काव्य, नृत्य गान, सिनेमा, टी वी, श्रृंगार, श्रृंगार प्रसाधन आदि।
शनि	–	दुख, दर्द, मृत्यु, नौकर, रोग, नीलम, केश, तेल, शस्त्र, लोहा, चमड़ा, वैराग्य, भैंस, घोड़ा, ऊंट, हाथी आदि।
राहु	–	सर्प, प्रयाण (यात्रा या मृत्यु), समय, रात्रि, अंधकार, सट्टा, छिपा धन, खोई हुई वस्तु आदि।
केतु	–	मूर्ख, चर्म रोग, व्रण, अतिशूल, दुख आदि।

ग्रहों का शरीर के आंतरिक भागों पर आधिपत्य

ग्रहों का शरीर के आंतरिक भागों पर आधिपत्य निम्नानुसार माना गया है–

सूर्य	-	अस्थि	**गुरु**	- चर्बी
चन्द्र	-	रक्त	**शुक्र**	- वीर्य
मंगल	-	मज्जा	**शनि**	- स्नायु
बुध	-	त्वचा	**राहु–केतु**	- स्नायु

ग्रहों का शरीर के बाह्य अंगों पर आधिपत्य

सूर्य	–	सिर से मुख तक
चन्द्र	–	गले से हृदय तक
मंगल	–	पेट से पीठ तक
बुध	–	हाथ से पांव तक
गुरु	–	कमर से जांघ तक
शुक्र	–	जननेंद्रिय
शनि	–	घुटने से पिण्डली तक
राहु-केतु	–	पांव के निम्न भाग पर

ग्रहों के पारस्परिक बल

निम्नलिखित क्रम से ग्रह एक दूसरे से अधिक बलवान माने जाते हैं–
शनि से मंगल अधिक बलवान
मंगल से बुध अधिक बलवान
बुध से गुरु अधिक बलवान
गुरु से शुक्र अधिक बलवान
शुक्र से चन्द्र अधिक बलवान
चन्द्र से सूर्य अधिक बलवान
सबसे अधिक बलवान सूर्य और सबसे कम बलवान शनि।

ग्रहों का राशि स्वामित्व

सूर्य	–	सिंह राशि का स्वामी है।
चन्द्रमा	–	कर्क राशि का स्वामी है।
मंगल	–	मेष तथा वृश्चिक राशि का स्वामी है।
बुध	–	मिथुन एवं कन्या राशि का स्वामी है।
गुरु	–	धनु एवं मीन राशि का स्वामी है।

शुक्र - वृष एवं तुला राशि का स्वामी है।
शनि - मकर एवं कुम्भ राशि का स्वामी है।

टिप्पणी : सूर्य एवं चन्द्रमा को छोड़ कर अन्य पांचों ग्रह दो-दो राशियों के स्वामी हैं। इन दो-दो राशियों में एक-एक राशि सकारात्मक (Positive) होती है और दूसरी नकारात्मक (Negative) होती है। सकारात्मक राशि अधिक प्रभावशाली होती है। इसे मूल त्रिकोण भी कहते हैं।

ग्रहों का उच्च-नीचादि ज्ञान चक्र

ग्रह	स्व राशि		मूल त्रिकोण		उच्च राशि	परम उच्च अंश	नीच राशि	परम नीच अंश
	राशि	अंश	राशि	अंश				
सूर्य	सिंह	20˚ से 30˚	सिंह	1˚ से 20˚	मेष	10˚	तुला	10˚
चन्द्रमा	कर्क	1˚ से 30˚	वृष	4˚ से 30˚	वृष	3˚	वृश्चिक	3˚
मंगल	मेष	13˚ से 30˚	मेष	1˚ से 12˚	मकर	28˚	कर्क	28˚
	वृश्चिक							
बुध	मिथुन							
	कन्या	21˚ से 30˚	कन्या	15˚ से 20˚	कन्या	15˚	मीन	15˚
गुरु	धनु	10˚ से 30˚	धनु	1˚ से 10˚	कर्क	5˚	मकर	5˚
	मीन	1˚ से 30˚						
शुक्र	वृष	1˚ से 30˚						
	तुला	6˚ से 30˚	तुला	1˚ से 5˚	मीन	27˚	कन्या	27˚
शनि	मकर	1˚ से 30˚						
	कुम्भ	21˚ से 30˚	कुम्भ	1˚ से 20˚	तुला	20˚	मेष	20˚

टिप्पणी: मूलत्रिकोण में ग्रह स्वराशि से बली तथा उच्च राशि से कम बली होता है।

ग्रहों का अस्त होना

यह तो सर्वविदित ही है कि सूर्य का प्रकाश सर्वाधिक होता है, इसीलिए सूर्य को सब ग्रहों का राजा कहा गया है। दूसरा ग्रह जब सूर्य के निकट पहुंचता है, तब सूर्य की प्रचण्ड किरणों के आगे उसकी ज्योति मन्द पड़ जाती है; तब उस ग्रह को 'अस्त' की संज्ञा दी जाती है। कौन ग्रह सूर्य से कितने निकट होने (कितने अंशों की दूरी) पर अस्त होता है, इसका विवरण इस प्रकार है–

- **चन्द्रमा** – सूर्य से 12 अंश के भीतर रहने पर अस्त रहता है।
- **मंगल** – सूर्य से 17 अंश के भीतर रहने पर अस्त रहता है।
- **बुध** – सूर्य से 13 अंश (मतान्तर से 14 अंश) के भीतर रहने पर अस्त रहता है। वक्री हो तो 12 अंश के भीतर।
- **गुरु** – सूर्य से 11 अंश के भीतर रहने पर अस्त रहता है।
- **शुक्र** – सूर्य से 9 अंश के (मतांतर से 10 अंश) भीतर रहने पर तथा वक्री हो तो 8 अंश के भीतर रहने से अस्त रहता है।
- **शनि** – सूर्य से 15 अंश के भीतर रहने पर अस्त रहता है।

ग्रहों की अवस्था

3 से 9 अंश तक	किशोरावस्था	इसका प्रभाव अल्प रूप में होता है।
10 से 22 अंश तक	युवावस्था	इसका प्रभाव पूर्ण रूप में होता है।
23 से 28 अंश तक	वृद्धावस्था	इसका प्रभाव अल्प रूप में होता है।
29 से 2 अंश तक	मृतावस्था	इसका प्रभाव न के बराबर होता है।

ग्रहों का प्रभाव दिखाने का विशेष समय (भाग्योदय काल)

सूर्य	– 22 से 24 वर्ष	**चन्द्र**	–	24 से 25 वर्ष
मंगल	– 28 से 32 वर्ष	**बुध**	–	32 – 36 वर्ष

गुरु	–	16-22-40वें वर्ष	शुक्र –	25 – 28 वर्ष	
शनि	–	36-42 वर्ष	राहु –	42 – 48 वर्ष	

केतु – 48-54 वर्ष की आयु में अपना विशेष प्रभाव दिखाते हैं।

ग्रहों के तत्व

जिन पांच तत्वों से सृष्टि की रचना हुई, वे हैं– पृथ्वी, जल, अग्नि, वायु और आकाश। तत्वों के आधार पर ग्रहों को भी निम्नानुसार श्रेणीबद्ध किया गया है–

सूर्य एवं मंगल – अग्नि तत्व प्रधान हैं।
चन्द्र एवं शुक्र – जल तत्व प्रधान हैं।
बुध – पृथ्वी तत्व प्रधान है।
गुरु – आकाश तत्व प्रधान है।
शनि – वायु तत्व प्रधान है।

ग्रहों से संबंधित रोग

सूर्य – सिर एवं दिमाग संबंधी रोग, गर्मी और जिगर से संबंधित रोग, अस्थि दौर्बल्य, हड्डी टूटना, नेत्र रोग, ज्वर, पित्त रोग, शरीर में जलन, हृदय रोग आदि।

चन्द्रमा – रक्त विकार, जलोदर, उन्माद, मिरगी, शीत ज्वर, नींद के रोग, अतिसार, संग्रहणी, पीलिया, जल से भय, आदि।

मंगल – पित्त विकार, जलना, गिरना, चोट-चपेट, सिर में पीड़ा, एपेन्डेसाइट, अग्नि भय, शरीर का कोई अंग टूटना, पेट में फोड़ा, शस्त्र भय, नेत्र रोग, गुप्त रोग, सूखा रोग आदि।

बुध – वात-पित्त-कफ विकार, त्वचा रोग, गले का रोग, वाणी विकार, बुद्धि हीनता, नपुंसकता, नर्वस ब्रेकडाउन आदि।

गुरु – कान के रोग, वायु व कफ विकार, पेट का फोड़ा, स्थूलता-दुर्बलता, कमर दर्द, कब्ज आदि।

शुक्र	–	कफ व वात रोग, वीर्य विकार, प्रमेह, मधुमेह, धातु क्षय, गुप्तरोग, आदि।
शनि	–	वात-कफ विकार, टांगों में दर्द, लड़खड़ाना, अत्यधिक श्रम से उत्पन्न विकार, जोड़ों के दर्द, पक्षाघात, कैंसर, श्वास नली का विकार, टी बी रोग, मानसिक चिन्ता आदि।
राहु	–	संक्रामक रोग, बवासीर, हाथ पैरों में सूजन, हृदय रोग, विष रोग, सर्पदंश, कोढ़, पिशाच पीड़ा आदि।
केतु	–	चर्म रोग, हैजा, चेचक, विष विकार, आदि।

ग्रहों के बल

ग्रहों का बल छ: प्रकार का होता है; यथा स्थान बल, दिग्बल (दिशा बल), काल बल, नैसर्गिक बल, चेष्टा बल तथा दृग्बल (दृष्टि बल)।

स्थान बल	–	कोई भी ग्रह जब मित्र राशि में अर्थात् मित्र ग्रह की राशि में अथवा स्वराशि में अथवा मूल त्रिकोण में अथवा उच्च राशि में स्थित हो, तो उसे स्थान बली माना जाता है। ग्रह किस राशि में स्वराशि का, किसमें मूल त्रिकोण का, और किस राशि में उच्च राशि का होता है– यह पहले ही बताया जा चुका है। कौन सा ग्रह किस ग्रह का मित्र और किसका शत्रु है– यह आगे बताया जाएगा।
दिग्बल (दिशा बल)	–	बुध तथा गुरु लग्न में, चन्द्र एवं शुक्र चतुर्थ भाव में, शनि सप्तम भाव में तथा सूर्य एवं मंगल दशम भाव में स्थित होने पर दिग्बली माने जाते हैं।
काल बल	–	रात्रि में जन्म होने पर चन्द्र, मंगल एवं शनि तथा दिन में जन्म हो तो सूर्य, बुध एवं शुक्र ये ग्रह काल बली होते हैं।

नैसर्गिक बल	–	शनि, मंगल, बुध, गुरु, शुक्र, चन्द्र तथा सूर्य– ये ग्रह उत्तरोत्तर एक दूसरे से अधिक बली होते हैं। अर्थात् शनि से मंगल अधिक बली, मंगल से बुध अधिक बली, बुध से गुरु, गुरु से शुक्र, शुक्र से चन्द्रमा तथा चन्द्रमा से सूर्य अधिक बलवान होते हैं।
चेष्टा बल	–	यदि सूर्य मकर, कुम्भ, मीन, मेष, वृष, मिथुन इनमें से किसी राशि में स्थित हो तो वह चेष्टा बली होता है। चन्द्रमा भी उक्त छ: राशियों में से किसी एक में होने से चेष्टा बली माना जाता है। मंगल, बुध, गुरु, शुक्र तथा शनि, इनमें कोई भी ग्रह यदि चन्द्रमा के साथ स्थित हो तो वह भी चेष्टा बली हो जाता है।
दृग्बल (दृष्टि बल)	–	जब किसी पाप ग्रह पर किसी शुभ ग्रह की दृष्टि पड़ रही हो तब वह पाप ग्रह भी शुभ ग्रह की दृष्टि पाकर दृग्बली हो जाता है।

किस ग्रह की दृष्टि किस ग्रह पर है या नहीं है? यह सब जानने की विधि आगे बताई जाएगी।

टिप्पणी: इन छ: प्रकार के बलों में से किसी भी प्रकार के बल को प्राप्त करके ग्रह बलवान हो जाता है तथा जिस भाव में बैठा होता है, जातक को उस भाव का विशेष फल अपने गुण-स्वभावानुसार देता है। जन्मकुण्डली फलादेश करने के लिए ग्रहों के बलाबल का पूरा ज्ञान होना नितान्त आवश्यक है। अत: पाठकगण इस प्रकरण को हृदयंगम कर लें।

ग्रह मैत्री चक्र

कौन सा ग्रह किस ग्रह के साथ मित्रता रखता है अथवा शत्रुता रखता है अथवा समभाव रखता है– यह नीचे के चक्र से स्पष्ट हो रहा है। कुण्डली फलादेश के लिए इसे जानना भी आवश्यक है।

नैसर्गिक मैत्री चक्र

ग्रह	मित्र ग्रह	सम ग्रह	शत्रु ग्रह
सूर्य	चन्द्र, मंगल, गुरु	बुध	शुक्र, शनि
चन्द्र	सूर्य, बुध	मंगल, गुरु, शुक्र, शनि	– –
मंगल	सूर्य, चन्द्र, गुरु	शुक्र, शनि	बुध
बुध	सूर्य, शुक्र	मंगल, गुरु, शनि	चन्द्र
गुरु	सूर्य, चन्द्र, मंगल	शनि	बुध, शुक्र
शुक्र	बुध, शनि	मंगल, गुरु	सूर्य, चन्द्र
शनि	बुध, शुक्र	गुरु	सूर्य, चन्द्र, मंगल

टिप्पणी: ग्रहों की शत्रुता-मित्रता भी समझने की चीज़ है। इसमें कई तथ्य रोचकता एवं विचित्रता लिए हुए हैं। ग्रहों की शत्रुता-मित्रता भी हम सांसारिक लोगों की भांति ही बड़ी विचित्र है। यथा-

1. सभी ग्रह चाहे वे शुभ हों या अशुभ, किसी न किसी ग्रह से शत्रुता अवश्य रखते हैं; किन्तु शांत स्वभावी चन्द्रमा ही एक ऐसा ग्रह है, जो किसी से भी शत्रुता नहीं रखता।

2. चन्द्रमा जिस (बुध) से मित्रता रखता है, वही (बुध) उस (चन्द्रमा) से शत्रुता रखता है। यह प्रकृति की विडम्बना है।

3. चन्द्रमा शुक्र एवं शनि से सम भाव रखता है, किन्तु शुक्र एवं शनि चन्द्रमा से शत्रुता रखते हैं।

4. मंगल शनि से सम भाव रखता है, किन्तु शनि उस मंगल से शत्रुता रखता है।

5. बुध मंगल से सम भाव रखता है, किन्तु मंगल बुध से शत्रुता रखता है। पारस्परिक मैत्री में कितना विरोधाभास दिखाई दे रहा है।

6. बुध व शुक्र दोनों बृहस्पति से सम भाव रखते हैं, किन्तु बृहस्पति इन दोनों से शत्रुता रखता है।

पाठक गण इस विषय को हृदयंगम कर लेंगे, तो उन्हें कुण्डली फल कथन में सुविधा रहेगी।

तात्कालिक मैत्री

1. जो ग्रह जिस ग्रह से द्वितीय, तृतीय, चतुर्थ अथवा दशम, एकादश, द्वादश होते हैं, वे तात्कालिक मित्र होते हैं।
2. जो ग्रह एक साथ बैठे हों अथवा जिससे पाचवें, छठे, सातवें, आठवें, नवम में बैठे हों, वे तात्कालिक शत्रु होते हैं।

टिप्पणी: ग्रहों की नैसर्गिक मैत्री-शत्रुता की जानकारी के पश्चात् जब शत्रुता-मित्रता का गहराई से अध्ययन करना हो तो पंचधा मैत्री चक्र से किया जाता है। पंचधा मैत्री जानने के लिए तात्कालिक मैत्री का जानना परमावश्यक है। अत: इसे भी अच्छी प्रकार से समझ लें। पंचधा मैत्री जानने की विधि आगे दी जा रही है।

पंचधा मैत्री

ग्रहों की नैसर्गिक मैत्री तथा तात्कालिक मैत्री, इन दोनों का मिश्रण करने से मैत्री के पांच रूप बन जाते हैं, इसे ही पंचधा मैत्री कहते हैं। ये पांच भेद इस प्रकार हैं–

अधि मित्र, मित्र, सम, शत्रु एवं अधिशत्रु।

जो ग्रह नैसर्गिक एवं तात्कालिक दोनों में ही मित्र हो, वह अधिमित्र कहलाता है।

जो ग्रह नैसर्गिक मित्र हो, किन्तु तात्कालिक शत्रु हो, वह सम की श्रेणी में आता है। अथवा जो ग्रह नैसर्गिक शत्रु हो और तात्कालिक मित्र हो वह भी सम होता है।

जो ग्रह नैसर्गिक सम हो, वह तात्कालिक मित्र होने पर मित्र एवं तात्कालिक शत्रु होने पर शत्रु होता है।

जो ग्रह नैसर्गिक शत्रु हो और तात्कालिक भी शत्रु हो, उसे अधिशत्रु की संज्ञा दी जाती है।

इसके लिए निम्न फार्मूला सदैव याद रखें–

मित्र + मित्र = अधिमित्र

मित्र + सम = मित्र

मित्र + शत्रु = सम

सम + मित्र = मित्र

सम + शत्रु = शत्रु

शत्रु + मित्र = सम

शत्रु + शत्रु = अधिशत्रु

शुभ ग्रह एवं अशुभ ग्रह

चन्द्र, बुध, शुक्र व बृहस्पति शुभ ग्रह हैं। मंगल, शनि, राहु, केतु पाप ग्रह हैं। सूर्य क्रूर है–कम पापी है। विशेष यह है कि चन्द्रमा स्वभावत: शुभ ग्रह है। यह घटता-बढ़ता रहता है। इसकी संज्ञा भी बदलती रहती है। बली-चन्द्रमा शुभ और क्षीण चन्द्र पाप माना जाता है। पूर्णमासी को चन्द्रमा पूर्ण बली (शुभ) तथा अमावस को पूर्ण क्षीण होता है।

प्राय: शुक्ल पक्ष की पंचमी से कृष्ण पक्ष की पंचमी तक शुभ तथा कृष्ण पक्ष की षष्ठी से शुक्ल पक्ष की चौथ तक अशुभ गिना जाता है। पूर्णमासी के जितना निकट होगा क्रमश: उतना ही अधिक शुभ तथा अमावस के जितना निकट हो उतना ही अशुभ।

वक्री एवं मार्गी ग्रह

सूर्य, चन्द्र, मंगल, बुध, गुरु, शुक्र एवं शनि ये सातों ग्रह अपने-अपने पथ पर आगे ही आगे बढ़ते रहते हैं, तब इन्हें मार्गी कहते हैं। किन्तु सूर्य एवं चन्द्रमा को छोड़कर बाकी पांचों ग्रह कभी-कभी आगे चलने की बजाए पीछे की ओर चलना शुरू कर देते हैं, तब इन्हें बक्री (उलटा चलने वाला) कहते हैं। जब ये फिर से सीधा चलना शुरू कर देते हैं तब फिर मार्गी बन जाते हैं।

ग्रहों की दृष्टि

जन्म कुण्डली में ग्रहों की दृष्टि बड़े महत्व की बात होती है। दृष्टि के प्रभाव को समझने के लिए हम सूर्य का उदाहरण ले सकते हैं। सूर्य जब उदय होता है। तब उसकी किरणें तिरछी होती हैं, इसलिए उनमें ताप

कम होता है। जैसे-जैसे सूर्य अंश बढ़ते जाते हैं, वैसे-वैसे उसकी किरणों में ताप बढ़ता जाता है। जब सूर्य हमारे सिर पर आ जाता है, तब उसकी किरणें सीधी पड़ती हैं और अधिक गरमी बरसाती हैं। जब सूर्य अस्त होने को होता है, तब उसकी किरणें तिरछी होती हैं, अत: उनमें ताप कम होता है।

ठीक इसी प्रकार जब कोई ग्रह कुण्डली के किसी भाव को अपनी सीधी पूर्ण दृष्टि से देखता है, तब उस पर बहुत प्रभाव पड़ता है।

पूर्ण दृष्टि के अतिरिक्त ग्रहों की कम दृष्टि (त्रिपाद, द्विपाद, एकपाद) भी होती है; किन्तु विशेष प्रभाव पूर्ण दृष्टि का ही होता है। ग्रह योगों में भी केवल पूर्ण दृष्टि को ही लिया जाता है, कम दृष्टि को नहीं। अत: नवीन पाठकों को ग्रहों की पूर्ण दृष्टि का ज्ञान कराना ही प्रर्याप्त है।

सभी ग्रह सातवें भाव को पूर्ण दृष्टि से देखते हैं। अर्थात् कोई भी ग्रह कुण्डली के जिस भाव में भी बैठा हो, उससे सातवें भाव को पूर्ण दृष्टि से देखता है। जैसे कोई ग्रह यदि प्रथम भाव (लग्न) में बैठा हो, तो उसकी पूर्ण दृष्टि सातवें भाव पर होगी। यदि कोई ग्रह दूसरे भाव में होगा तो आठवें भाव पर उसकी पूर्ण दृष्टि होगी। यदि कोई ग्रह तीसरे भाव में स्थित है तो तीसरे से सातवें अर्थात् नवम भाव पर पूर्ण दृष्टि डालेगा। इसी प्रकार जो ग्रह चौथे भाव में स्थित हो वह दशम भाव पर, पंचम भाव में होने से एकादश भाव पर, छठे भाव में बैठे होने पर व्यय भाव पर अपनी पूर्ण दृष्टि डालेगा। सप्तम भाव में स्थित ग्रह प्रथम लग्न भाव को, अष्टम भाव में बैठा ग्रह दूसरे भाव को, नवम भाव में स्थित ग्रह तीसरे भाव को पूर्ण दृष्टि से देखेगा। इसी प्रकार दशम भाव में बैठा हुआ ग्रह चतुर्थ भाव को, एकादश भाव मे बैठा हुआ पंचम भाव को तथा बारहवें व्यय भाव में बैठा हुआ ग्रह छठे भाव को अपनी पूर्ण दृष्टि से प्रभावित करता है।

विशेष दृष्टि: उपरोक्त सप्तम भाव दृष्टि के अतिरिक्त, मंगल, गुरु एवं शनि इन तीन ग्रहों को विशेष दृष्टियां भी प्राप्त हैं-

1. मंगल चौथे और आठवें भाव पर भी पूर्ण दृष्टि रखता है।
2. गुरु पंचम और नवम भाव पर भी पूर्ण दृष्टि रखता है।
3. शनि तीसरे और दशम भाव पर भी पूर्ण दृष्टि रखता है।

कोई ग्रह जहां बैठा है, वहां से किस-किस भाव पर पूर्ण दृष्टि डालता है, यह नीचे और स्पष्ट किया जाता है–

सूर्य–चन्द्र
बुध–शुक्र } जहां स्थित हों, वहां से सातवें भाव पर।

गुरु – जहां स्थित हो, वहां से पंचम, सप्तम, नवम भाव पर।

मंगल – जहां स्थित हो, वहां से चतुर्थ सातवें व आठवें भाव पर।

शनि – जहां स्थित हो, वहां से तीसरे, सातवें व दसवें भाव पर।

टिप्पणी: 1. कुण्डली फलादेश के लिए यह विषय भी अत्यन्त महत्व का है। पाठकगण इसे कण्ठस्थ कर लें।

2. राहु एवं केतु की दृष्टि भी सप्तम भाव पर मानी जाती है।

ग्रहों के गुण

सूर्य	– सत्व गुण	गुरु	– सत्व गुण
चन्द्र	– सत्व गुण	शुक्र	– रजो गुण
मंगल	– तमो गुण	शनि	– तमो गुण
बुध	– रजो गुण	राहु-केतु	– तमो गुण

ग्रहों के स्वभाव

ग्रहों के स्वभाव भी निम्नानुसार होते हैं।

सूर्य	– स्थिर	गुरु	– मृदु
चन्द्र	– चंचल	शुक्र	– मृदु
मंगल	– उग्र	शनि	– अत्यन्त तीक्ष्ण
बुध	– मिश्र	राहु-केतु	–शनि तुल्य

ग्रहों की दिशाएं

सूर्य	– पूर्व	गुरु	– ईशान (उत्तर-पूर्व)
चन्द्र	– पश्चिम-उत्तर (वायव्य)	शुक्र	– आग्नेय (पूर्व-दक्षिण)

मंगल – दक्षिण	शनि – पश्चिम
बुध – उत्तर	राहु-केतु–नैऋत्य (दक्षिण-पश्चिम)

ग्रहों की ऋतुएं

सूर्य	– ग्रीष्म	गुरु	– हेमन्त
चन्द्र	– वर्षा	शुक्र	– वसन्त
मंगल	– ग्रीष्म	शनि	– शिशिर
बुध	– शरद		

सूरज मीन और मेष राशि में रहता है, तो वसंत ऋतु होती है। सूरज जब वृष और मिथुन राशि में रहता है, तब ग्रीष्म ऋतु होती है। सूरज जब कर्क और सिंह राशि में रहता है, तब वर्षा ऋतु होती है। सूरज जब कन्या और तुला राशि में रहता है, तब शरद ऋतु होती है। सूरज के वृच्छिक और धनु राशि में रहने पर हेमन्त ऋतु तथा सूरज के मकर एवं कुम्भ राशि में रहने से शिशिर ऋतु होती है।

ग्रहों के रंग

सूर्य	– लाल	गुरु	– पीला
चन्द्र	– सफ़ेद	शुक्र	– सफ़ेद
मंगल	– लाल	शनि	– काला
बुध	– हरा	राहु	– नीला
		केतु	– धुएं जैसा

ग्रह दोषापहरण

कुण्डली में राहु के दोष को बुध नष्ट करता है। राहु, बुध दोनों के दोषों को शनि नाश करता है।

राहु, बुध, शनि इन तीनों के दोषों को मंगल दूर करता है।

राहु, बुध, शनि, मंगल इन चारों के दोषों को शुक्र नाश कर देता है।

राहु, बुध, शनि, मंगल, शुक्र इन पांचों के दोषों को गुरु दूर कर देता है।

राहु, बुध, शनि, मंगल, शुक्र, गुरु इन छहों के दोषों को चन्द्रमा नष्ट कर देता है।

राहु, बुध, शनि, मंगल, शुक्र, गुरु, चन्द्र इन सातों के दोषों को सूर्य नष्ट कर देता है।

अर्थात् यदि कुण्डली में सूर्य बलवान होकर (उच्च राशि का या स्व राशि का) पड़ा हो, तो अन्य ग्रहों के अनिष्टों का नाश कर देता है।

ग्रहों की दस अवस्थाएं और उनके फल

1. **दीप्त** – जो ग्रह अपनी उच्च राशि में अथवा मूल त्रिकोण में हो, उसे दीप्त कहा जाता है। ऐसा ग्रह पूर्ण शुभ फल देने में सक्षम होता है।

2. **स्वस्थ** – जो ग्रह स्वग्रही हो, अर्थात् अपनी ही राशि में हो, वह स्वस्थ कहलाता है। ऐसा ग्रह भी शुभ फल देने में विशेष समर्थ होता है।

3. **मुदित** – जो ग्रह अधिमित्र (पंचधा मैत्री अनुसार) ग्रह की राशि में हो, वह मुदित या प्रमुदित या हर्षित कहलाता है। ऐसा ग्रह अति शुभ फल देने में सक्षम होता है।

4. **शान्त** – जो ग्रह नैसर्गिक मित्र ग्रह की राशि में हो, वह शान्त कहलाता है। 'नैसर्गिक' एवं 'तात्कालिक' इन दोनों प्रकार के संबंध का यदि तारतम्य किया जाए, तो नैसर्गिक विशेष बलवान है। शांत ग्रह भी शुभ फल देने में समर्थ होता है। ग्रह जिस नैसर्गिक मित्र की राशि में बैठा है, वह ग्रह मित्र होने के साथ-साथ शुभ ग्रह भी हो तो फल विशेष शुभ होगा।

5. **दीन** – जो ग्रह सम ग्रह की राशि में स्थित हो, उसे दीन की संज्ञा दी जाती है। दीन ग्रह जिस सम ग्रह की राशि में

बैठा है, वह यदि शुभ ग्रह है तो फल सामान्य शुभ होगा और यदि वह पाप ग्रह है, तो शुभ फल कम, पाप फल अधिक होगा।

6.शक्त - जो ग्रह अस्तंगत न हो, उदित हो अर्थात् सूर्य के निकट होने से अस्त न हो, उसे शक्त कहते हैं। यह भी सामान्य शुभ फल देता है।

7.दुखित - जो ग्रह नैसर्गिक शत्रु की रासि में हो, वह दुखित कहलाता है। यह अनिष्ट फलदायक है। यदि पाप राशि हो, तो और भी कष्टकारक होता है।

8.विकल- जो ग्रह अधिशत्रु ग्रह की राशि में हो, वह अति दुखित या विकल कहलाता है। ऐसा ग्रह अशुभ फल देने वाला होता है।

9.खल - पाप ग्रह की राशि में स्थित होने से ग्रह खल कहलाता है। यह भी अशुभ फल देने वाला है। यदि पाप ग्रह शुभ स्थानों का स्वामी हो या शुभ ग्रहों से दृष्ट हो, तो अशुभ फल में न्यूनता होगी।

10.कोपी - जो ग्रह सूर्य के साथ होने से अस्त होता है, उसे कोपी या कुपित कहते हैं। यह भी अशुभ फलदायक होता है। विशेष यह है कि बुध सूर्य के साथ होने पर भी उतना अशुभ फलदायक नहीं होता।

सूर्य की बारह राशियों में स्थिति का फल

मेष - सूर्य मेष राशि में होने से जातक गौर वर्ण, बुद्धिमान, शूर, चतुर, यात्रा करने में रुचि लेने वाला, ठाठबाट वाला, उदार, अपने परिश्रम से अधिकार प्राप्त करने वाला, प्रसिद्ध एवं ख्यातिवान होता है।

वृष - कुशाग्रबुद्धि, हठी, मिलनसार, संगीत एवं कला में रुचि रखने वाला, परिश्रमी, भोग विलास में विशेष रुचि रखने

वाला, धीरे-धीरे नियमित रूप से काम करने वाला होता है।

मिथुन - विद्वान, कुशाग्र बुद्धि, बातूनी, अध्ययनशील, आलोचक, धनी, ज्योतिष में रुचि रखने वाला होता है।

कर्क - अल्पधनी, तीक्ष्ण स्वभाव, अधिक परिश्रम से भी फल कम मिलता है। यात्रा प्रेमी, प्रायः दूसरों के अधीन काम करने वाला होता है।

सिंह - स्वाभिमानी, हठी, तेजस्वी, बलवान, उदार, बुद्धिमान, उग्र स्वभाव, वन-पर्वत में प्रसन्न रहने वाला, दूसरों पर अधिकार जमाने वाला होता है।

कन्या - काव्य, गणित, इतिहास, साहित्य, चित्रकला आदि में विशेष अभिरुचि रखने वाला, स्मरण शक्ति तीव्र, बुद्धिमान, पत्रकारिता या लेखन कार्य से लगाव रखने वाला तथा स्त्रियों जैसे स्वभाव का होता है।

तुला - सूर्य के तुला राशि में होने से जातक उत्साह शून्य, हीन आचरण, मलिन मन, कामुक प्रवृत्तियां, स्त्रियों के प्रभाव से कठिनाइयां उठाने वाला, दूसरों से दबने वाला तथा असभ्य होता है।

वृश्चिक - साहसी, उग्र स्वभाव, विद्वान, पुलिस अधिकारी या सेना में उच्च पद प्राप्त करने की एवं सर्जन बनने की योग्यता, सिद्धान्तहीन।

धनु - धनवान, विश्वस्त, उच्चस्तरीय रहन-सहन, प्रसिद्ध, शीघ्र क्रोधित होने वाला, शिल्प विद्या तथा चिकित्सा में कुशल हो सकता है।

मकर - हीन आचरण, अति लोभी, निंद्य कार्यरत, अशान्त, कम विद्वान, दूसरों के धन को प्राप्त करने की इच्छा करने वाला, समझदार, परिश्रमी, प्रगति बहुत धीमी।

कुम्भ - निर्धनता एवं भाग्य हीनता, सन्तान कष्ट, ज्योतिष में रुचि, बाधाएं और कठिनाइयां। कुम्भ का सूरज लग्न में हो, तो हृदय रोग की भी सम्भावना रहती है।

मीन - धनवान, धार्मिक वृत्ति, स्त्रियों को प्रिय, स्त्रियों द्वारा बहुत आदर मान पाता है।

चन्द्रमा की बारह राशियों में स्थिति का फल

मेष - मन अस्थिर, यात्रा प्रेमी-घूमने का शौकीन, अति कामी, शीघ्र प्रसन्न होने वाला, जल से डरने वाला, चिड़चिड़ापन, साहसी, आत्माभिमानी, सक्रिय, अधिकार-सुख एवं सत्ता का आनन्द, भोग करने की प्रबल इच्छा, सुन्दर शरीर, कोमल तन, शुद्ध एवं उदार मन, मस्तिष्क में विचारों का ज्वार-भाटा आता रहता है।

वृष - उदार, शुद्ध हृदय, युवा एवं वृद्धावस्था में सुखी, कुशाग्र बुद्धि, धनवान, रूपवान, स्त्रियों को प्रिय, व्यवहार कुशल, सहनशील, विषय वासना एवं विलास की ओर अधिक झुकाव, भावुक एवं महत्वाकांक्षी।

मिथुन - विद्वान, तीव्र बुद्धि, शान्त स्वभाव, नासिका बड़ी या ऊंची, संगीत नृत्य, राग-रंग में रुचि, विनोदी, काम शास्त्र में निपुण, शान्त स्वभाव, दाम्पत्य मधुरता, मातृ-पितृ भक्त, दूत कार्य में कुशल, लोक प्रिय।

कर्क - अच्छा स्वभाव, चंचल मन, सुन्दर, दयालु, ज्योतिष में रुचि, शुद्ध चित्त, प्रकृति एवं भ्रमण प्रेमी, जल्दी चलने वाला, अत्यधिक भावुक, कुटुम्ब, घर, माता तथा देश से प्रेम करने वाला, स्त्री वशी, काव्य प्रेमी, विलासी, शीघ्र आवेश में आ जाए लेकिन शीघ्र शान्त भी हो जाए।

सिंह - चन्द्रमा सिंह राशि में हो तो जातक साहसी, पराक्रमी धैर्यवान, स्थिर बुद्धि, अभिमानी होगा, किन्तु उसे छोटी-

छोटी बातों पर भी क्रोध आ जाएगा। क्रोध भी चिरस्थायी हो। दूसरे की बात सहन न करने वाला। समस्याओं को सुलझाने की स्वाभाविक बुद्धि रखता है। मन अशान्त।

कन्या – सुन्दर, रूपवान, धनवान, धार्मिक, मधुरभाषी, विनीत, कुशाग्रबुद्धि, संगीत-नृत्य एवं कला की ओर आकर्षित, ज्योतिष में रुचि, परदेश में रहने वाला।

तुला – परिवर्तनशील स्वभाव, गुणी, विद्वान, अनेक प्रवृत्तियों का सम्मिश्रण, व्यापार कुशल, कानून व राजनीति का जानकार, बुद्धिमान, विख्यात, स्त्रियों के वश में रहने वाला, कुटुम्ब का हितैषी। कोई निर्णय लेने में असमर्थ। कुशाग्र बुद्धि। मामूली कारण से अस्वस्थ हो जाए।

वृश्चिक – कठिनाइयों –आपत्तियों से भरपूर जीवन, किशोरावस्था में रोगी, माता-पिता व भाइयों से अलग रहने वाला, स्पष्ट वक्ता। गृहस्थ जीवन क्लेश कर।

धनु – न्याय पसंद, बुद्धिमान, उदार हृदय, खुश मिज़ाज, सत्यवक्ता, विद्वान, लेखक, बल से काबू में न आने वाला परंतु प्रिय वचनों से वश में हो जाने वाला, शिल्प एवं काव्य प्रेमी।

मकर – सदाचारी, पत्नी और सन्तान से प्रेम करने वाला। स्वार्थी, आलसी, कंजूस। पण्डित, वास्तव में उतना धार्मिक न होते हुए भी बाहर से बहुत धार्मिक प्रतीत होता है। काव्य एवं संगीत में रुचि।

कुम्भ – नीति दक्ष, सुगठित शरीर, लंबा कद, विद्वान, दूरदर्शी, धार्मिक प्रवृत्ति, साधना में रुचि, पत्नी से विरोध रहे।

मीन – सुन्दर अंग, लज्जा युक्त, दयालु स्वभाव, विनीत, स्त्री में अनुरक्त, कपड़ों का भी शौकीन, वृद्धावस्था में धार्मिक प्रवृत्ति।

मंगल की बारह राशियों में स्थिति का फल

मेष – साहसी, सावधान, चतुर फुर्तीला, ओजस्वी, शीघ्र रोष में आ जाने वाला, आक्रामक स्वभाव, स्पष्ट वक्ता, उदार। मंगल दशम भाव में होने से पुलिस या सेना में उच्च पदाधिकारी या डाक्टर या सफल व्यापारी एवं सम्माननीय होता है।

वृष – क्रूर स्वभाव, अत्यन्त कामुक, सिद्धान्त रहित, कठोर हृदय, स्वार्थी, सुन्दर श्रृंगारिक प्रसाधनों का उपयोग करने वाला। स्त्रीवशी।

मिथुन – साहसी, निडर (भय रहित), कृपण, बुद्धिमान, विद्वान, बलवान, संगीत में रुचि।

कर्क – कुशाग्र बुद्धि, धनवान, गृहस्थ जीवन असंतोष पूर्ण, अनेकानेक कठिनाइयां, विद्वान, कठोर, डरपोक।

सिंह – गणित एवं ज्योतिष की ओर झुकाव, उदार, उग्र स्वभाव, स्वतंत्र विचारधारा, परिश्रमी, मन अशान्त।

कन्या – अहंकारी, लौकिक कार्यों में निपुण, आलोचक, स्वयं से भी असंतुष्ट, गायन में रुचि, कृपण।

तुला – साहसी, दूरदर्शी, उच्चाकांक्षी, धनी बनने के लिए परिश्रम करने वाला, झगड़ालू, पर स्त्री में आसक्त। कपड़ों का शौकीन।

वृश्चिक – उग्र स्वभाव, चतुर, व्यवहार कुशल, अनेक लोगों को अपनी मातहती में रखने वाला, व्यापार कुशल, धनवान, नीति दक्ष, राज्य सेवा में तत्पर, पुलिस अथवा सेना के किसी विभाग में पदाधिकारी या डाक्टर या सफल व्यापारी हो सकता है।

धनु – साहसी, निर्भय, राजनीतिज्ञ, उदार, विनोदी, भ्रमणशील, लोकप्रिय, प्रसिद्ध, उच्च प्रशासकीय पद, उच्चाकांक्षी।

मकर — धनी, राजनैतिक नेता, पुलिस अधिकारी, सेनापति आदि। प्रभावशाली पद पर आसीन, तीव्र बुद्धि, पुत्रवान, स्वस्थ, आत्मविश्वासी, विख्यात, सम्मानित, गुप्त शत्रुओं से पीड़ित।

कुम्भ — निर्धन, क्रूर, मिथ्यावादी, कृपण, मित्र बनाने में चतुर, हितैषी, अल्पबुद्धि, सार्वजनिक कार्यों से आर्थिक लाभ।

मीन — बुद्धिमान, सावधान, लोकप्रियता की इच्छा, कामुक, मितव्ययी, गौर वर्ण, आज्ञाकारी, निरीक्षण-जासूसी की योग्यता। अस्थिर जीवन, गुप्त शत्रुओं से दुखी।

बुध की बारह राशियों में स्थिति का फल

मेष — निर्धन, आवेशपूर्ण स्वभाव, चतुर, अविश्वस्त, मिलनसार, अधर्मी, असत्यवादी, अनुशासनहीन एवं जूए-सट्टे का शौकीन।

वृष — कुशाग्रबुद्धि, सुगठित शरीर, विद्वान, मधुरभाषी, शास्त्रज्ञ, प्रतिष्ठित, उद्योगी, चतुर, उदार एवं विधिज्ञ।

मिथुन — सुन्दर, चतुर, विनोदी, मधुर भाषी, प्रतिष्ठित, उद्योगी, गायन-वादन-नृत्य क्रीड़ादि में रुचि, परिवर्तन प्रेमी, यात्रा का शौकीन, उदार, बुद्धिमान और धनवान।

कर्क — तीव्र बुद्धि, नीति दक्ष, अति कामुक, मिलनसार, कला एवं यात्रा प्रेमी, अनिश्चित स्वभाव वाला।

सिंह — उग्र प्रकृति, अभिमानी, भ्रमणशील, कामुक, विवाह शीघ्र।

कन्या — सुन्दर, विद्वान, उदार, वक्ता, दानी, गुणी, सत्कर्मरत, क्षमावान, कल्पनाशील, साहित्य, गणित एवं ज्योतिष में रुचि।

तुला — गौर वर्ण, न्याय बुद्धि, व्यवहार कुशल, राजनीतिज्ञ, विद्वान। स्त्री-पुत्रादि से प्रेम रखे, विनीत, दार्शनिक।

वृश्चिक	–	स्वार्थी, चालाक, अत्यन्त कामुक, गुप्तांग रोगी, अविश्वासी, जीवन में अनेक कठिनाइयां।
धनु	–	बुध के धनु राशि में होने से जातक विद्वान, योग्य, व्यवहार कुशल, गुणी, चतुर सम्मानित।
मकर	–	परिश्रमी, चतुर, शिल्प एवं व्यापार में रुचि, मितव्ययी, अल्पधनी एवं ऋणी।
कुम्भ	–	परिश्रमी, अभिमानी, विद्वान, आलोचक, प्रगति करने वाला और अल्प धनी।
मीन	–	उग्र स्वभाव, विषय सुख भोग, मनोरंजन व यात्रा का शौकीन, चिंतित रहने वाला, उसके जीवन में असफलताएं आएंगी।

बृहस्पति की बारह राशियों में स्थिति का फल

मेष	–	उग्र स्वभाव, बलवान, उदार, नीतिज्ञ, धार्मिक, विवेकी, स्वयं को दूसरों से उच्च समझने वाला। धन, स्त्री, पुत्र सुख युक्त।
वृष	–	विद्वान, स्वस्थ, योग्य, धन-मित्र-पुत्र सुख सम्पन्न, कामुक, स्त्री वर्ग से लाभ पाने वाला।
मिथुन	–	विद्वान, नीति-निपुण, प्रतिष्ठित, उदार, धन-मित्र-पुत्र सुख युक्त।
कर्क	–	अत्यन्त बुद्धिमान, सदाचारी, पण्डित, शास्त्रज्ञ, सुन्दर बदन, स्त्री-पुत्र-धन-वैभव युक्त। बौद्धिक व्यवसाय, उच्च पदवी प्राप्त, आकर्षक व्यक्तित्व।
सिंह	–	चतुर, उदार, आकर्षक व्यक्तित्व, उच्चाकांक्षी, कुशाग्र बुद्धि, साहित्य प्रेमी, राज्याधिकारी।
कन्या	–	विद्वान, भाग्यवान, सहनशील, परिश्रमी, संतोषी, अनेक कठिनाइयां, प्रतिष्ठित, मित्र-पुत्र का सुख।

तुला - सुन्दर, उदार, व्यवहार कुशल, सम्मानित, साहित्य एवं क़ला-प्रेमी, निष्पक्ष, धार्मिक प्रवृत्ति।

वृश्चिक - अभिमानी, उत्साही, स्वार्थी, कामुक, स्त्री वशी। धन, स्त्री व पुत्र का सुख।

धनु - विद्वान, धनवान, उच्च विचार, दयालु, प्रभावशाली, विश्वस्त, उच्चपदाधिकारी, प्रमुख व्यक्तित्व, वक्ता, अनायास धन प्राप्ति।

मकर - मन्द बुद्धि, अल्पधनी एवं दुखी रहने वाला।

कुम्भ - दयालु, मिलनसार, गम्भीर, विचारक, स्त्री-पुत्र-धन युक्त।

मीन - राजनीतिज्ञ, मिलनसार, धनवान, उच्च पदाधिकारी, शान्त, कुशल, साहित्य में रुचि एवं साहसी।

शुक्र की बारह राशियों में स्थिति का फल

मेष - बुद्धिमान, आवेश पूर्ण स्वभाव, आचारहीन, अस्थिर मन, अतिव्ययी, स्वप्न जगत में विचरने वाला।

वृष - सुन्दर, स्नेही स्वभाव, सम्मानित, प्रकृति प्रेमी, निर्भय, कामुक, बुद्धिमान, धनी, प्रसिद्ध। संगीत, नृत्य एवं कलाओं में रुचि।

मिथुन - काव्य एवं अन्य कला प्रेमी, बुद्धिमान, उदार, सम्मानित, धनी, कुशाग्र बुद्धि, विद्वान, लोकप्रिय, मधुर भाषी, अति कामुक।

कर्क - कोमल हृदय, भावुक, व्यवहार कुशल, मद और शोक प्रबल तथा पति-पत्नी में अनबन।

सिंह - आवेशपूर्ण, उतावला, प्रकृति प्रेमी, अपने को दूसरों से ऊंचा समझने वाला, कामुक, स्त्रियों द्वारा धन लाभ।

कन्या	– निर्बल, विनोदी, कामुक, वीर्य दोष, अनैतिक कार्यरत, अल्पधनी।
तुला	– सुन्दर, कुशाग्र बुद्धि, उदार, मिलनसार, नीतिज्ञ, धनवान, कामुक, काव्य एवं कला प्रेमी, सम्मानित, सुखी विवाहित जीवन, लंबी यात्रा करने वाला, प्रसिद्ध, बुद्धिमान संतति।
वृश्चिक	– अत्यन्त कामुक, दुराचारी, अपमानित, पत्नी से विचार-वैषम्य, बदनाम, गरीब।
धनु	– शुक्र के धनु राशि में होने से जातक धनवान, उदार, सम्माननीय, बुद्धिमान, बलवान, प्रभावशाली तथा घरेलू जीवन सुखी होता है।
मकर	– निर्बल, सुन्दर, स्वार्थी, वाणिज्य-व्यापार भागीदारी से लाभ। अनैतिक चारित्र, पत्नी से अनबन।
कुम्भ	– सुन्दर, विनोदी, स्त्री वर्ग से लाभ।
मीन	– विद्वान, संगीतज्ञ, धनवान, राज्य सम्मानित, विलासी, लोकप्रिय।

शनि की बारह राशियों में स्थिति का फल

मेष	– मन्द बुद्धि, क्रूर, कृतघ्न, चिड़चिड़ा स्वभाव, हठी, कपटी, आलसी, अज्ञानी, उलटे दिमाग़ वाला, दुखी।
वृष	– चतुर, मितव्ययी, अल्प धनी, स्त्रियों में आसक्त, चिंतित, गुप्त रोगी।
मिथुन	– दुखी, अल्पधनी, योग्य, कुटुंबीजन ईर्ष्या करें, सन्तान सुख में कमी।
कर्क	– शनि के कर्क राशि में होने से जातक अस्थिर बुद्धि, संशयी, अल्पधनी, हठी, स्वार्थी, असन्तुष्ट होता है तथा मातृ सुख में कमी एवं सन्तान पक्ष से चिंतित रहता है।

सिंह	–	परिश्रमी, स्वकार्य दक्ष, बौद्धिक कार्यों में रत, दाम्पत्य सुख में कमी, सन्तान सुख में कमी, ईर्ष्यालु।
कन्या	–	उदासीन, छिन्न मन, धनहीन, सन्तान सुख में कमी, जीवन का प्रथमार्ध कठिनाइयों से पूर्ण।
तुला	–	सुन्दर, चतुर, प्रसिद्ध, स्त्रियों की ओर आकर्षित, धनी, विचारक, अनेक लोगों का पूज्य, प्रतिष्ठित।
वृश्चिक	–	क्रूर, चपल, कठोर हृदय, हिंसक मनोवृत्ति, घरेलू कठिनाइयां, चालाक, परिश्रमी, चिंतित, संकीर्ण विचारों वाला।
धनु	–	धनवान, चतुर, श्रेष्ठ आचरण, राज्य सम्मान प्राप्त, प्रसिद्ध, वृद्धावस्था में सुखी।
मकर	–	परिश्रमी, कुशाग्र बुद्धि, विद्वान, सन्देही, मिथ्या भाषी, ऐश्वर्यवान, प्रमुख व्यक्तित्व, नीतिज्ञ, गृहस्थ जीवन अशान्त।
कुम्भ	–	नीति दक्ष, परिश्रमी, विचारक, प्रमुख आकर्षक व्यक्तित्व, विद्वान, कुशाग्र बुद्धि, सुखी एवं उन्नतिशील जीवन।
मीन	–	दूसरों की सहायता करने वाला, धनी, हतोत्साही, प्रसिद्ध, उदासीन।

राहु की बारह राशियों में स्थिति का फल

मेष	–	साहसहीन, आलसी, अनैतिक चरित्र।
वृष	–	असुन्दर, धनी, आवेश पूर्ण स्वभाव।
मिथुन	–	साहसी, साधुस्वभाव, गायक, दीर्घायु।
कर्क	–	उदार, चतुर, चालाक, शत्रु बहुत हों।
सिंह	–	चतुर, नीतिदक्ष, विचारक।
कन्या	–	नम्र भाषी, धनी, काव्य-संगीत-साहित्य में रुचि।

तुला	–	कामुक, राजनीति में रुचि, प्रसिद्ध।
वृश्चिक	–	कठोर हृदय, परिश्रमी, चालाक, घरेलू परेशानियां।
धनु	–	धनी, चतुर, प्रसिद्ध।
मकर	–	परिश्रमी, कुशाग्र बुद्धि, मिथ्याभाषी, मितव्ययी।
कुम्भ	–	परिश्रमी, विद्वान, कुशाग्र बुद्धि, कौटुम्बिक परेशानी।
मीन	–	बुद्धिमान, कुलीन, शान्त, कला प्रिय।

केतु की बारह राशियों में स्थिति का फल

मेष	–	अस्थिर मन, बातूनी, साहसी, शीघ्र रोष में आ जाने वाला।
वृष	–	आलसी, बातूनी, कामुक, दुखी
मिथुन	–	बुद्धिमान, साहसी, शीघ्र क्रोधित हो जाने वाला, वायु रोग।
कर्क	–	अस्थिर मन, भूत प्रेत का भय, दुखी रहने वाला।
सिंह	–	असन्तोषी, बातूनी, डरपोक, सर्पदंश का भय।
कन्या	–	अल्प बुद्धि, पाचन शक्ति कमज़ोर, रोग भय।
तुला	–	कामुक, शीघ्र क्रोधित होना, त्वचा रोग की सम्भावना।
वृश्चिक	–	क्रोधी, चतुर, बातूनी।
धनु	–	असत्यवादी, कपटी।
मकर	–	परिश्रमी, साहसी, प्रसिद्ध।
कुम्भ	–	अतिव्ययी, आवारा, दुखी।
मीन	–	परिश्रमी, आवेषपूर्ण, धार्मिक प्रवृत्ति, विदेश यात्रा।

नोट : राहु और केतु के विभिन्न राशियों में स्थित होने का जो फल बताया गया है, यह परिवर्तनशील है। वास्तव में राहु और केतु जहां बैठते हैं, उस राशि के स्वामी के अनुसार तथा जिन ग्रहों के साथ बैठते हैं, उनके अनुसार फल देते हैं। कुण्डली में ग्रहों की स्थिति एवं उन पर पड़े अन्य प्रभाव से उक्त सामान्य फल बदल जाना अनिवार्य है।

ग्रहों की विभिन्न भावों में स्थिति का फल

सूर्य

सूर्य प्रथम भाव में — पराक्रमी, स्वस्थ, प्रभावशाली व्यक्तित्व, बहादुर, शरीर कृश, धन कुटुम्ब का साधारण सुख, नेत्र विकार, स्त्री क्लेश, सिर रोग। मेष राशि का हो तो धनवान, किन्तु नेत्र रोग। कर्क राशि का हो तो आंख में व्रण (फूला) रोग, तुला राशि के होने पर गरीबी देता है तथा पुत्र की आयु के लिए अशुभ होता है। सिंह राशि का होने से रात्रि में कम दिखाई देता है तथा वृद्धावस्था में दृष्टि नष्ट होने का भय रहता है और धन की कमी करता है। कन्या राशि में होने से अधिक कन्या सन्तानें। मेष एवं सिंह राशि में होने से जातक यशस्वी, ज्ञानी, साहित्य-कविता आदि कलाओं में रुचि, स्वतंत्र विचार धारा, स्पष्ट वक्ता, राज्य सम्मान प्राप्त, स्वतंत्र व्यवसाय या सर्विस में ऊंचा पद प्राप्त करने वाला होता है। धनु राशि में होने से उच्च पदाधिकारी। मकर-कुम्भ में होने से हृदय रोग की सम्भावना। मीन राशि में होने से स्त्रियों में आसक्त धन कुटुम्ब का सुख साधारण हो, नेत्र विकार, स्त्री कलह।

सूर्य दूसरे भाव में — हकलाना अथवा वाणी दोष, स्वभाव व बातचीत में उग्रता, धन-कुटुम्ब-धातु एवं स्वर्ण का सुख मध्यम, नेत्र विकार, कर्ण विकार, दांत बड़े हों। मेष राशि का हो तो 22 वर्ष की आयु में विशेष धन लाभ। तुला राशि का हो तो 22 वर्ष की आयु में धन हानि। मेष राशि में होने से राज्य लाभ एवं सरकारी नौकरी भी सम्भव।

सूर्य तीसरे भाव में	पराक्रमी, भाग्यवान, यात्राकारक, साहसी, व्यवसायी, मातृक्लेश कर, सुखी, बुद्धिमान, स्वस्थ विवेकी, विख्यात, मित्रों का शुभाकांक्षी, किन्तु स्वजनों से विरोध रखे। चुनाव लड़ने वाला, अधिकारपूर्ण बातें करने वाला। पाप युत-दृष्ट होने पर अग्नि भय एवं हड्डी टूटने का भय तथा भाई-बहन के वियोग की सम्भावना हो सकती है।
सूर्य चौथे भाव में	प्रतिष्ठा एवं गृह सुख, राज द्वार से लाभ, मित्र युक्त, पितृ सुख मध्यम, बन्धु विरोध, उदर विकार, माता के सुख में कमी। मेष सिंह राशि का हो या चतुर्थेश हो तो 22 वर्ष की आयु में विशेष उन्नति, स्थान प्राप्ति, भवन सुख, वाहन सुख आदि। निर्बल या तुला राशि का होने पर 22 वर्ष की आयु में मकान-भूमि हानि एवं मातृ कष्ट आदि फल मिलते हैं।
सूर्य पंचम भाव में	बुद्धिमान, विद्वान, साहसी, चंचल, मंत्रज्ञ, शत्रुनाशक, धन लाभ, उदर विकार, उदारता पूर्वक व्यय करने वाला। मेष-सिंह राशि का हो तथा पाप युत दृष्ट न हो तो एक पुत्र 'कुल दीपक' हो, अर्थात् कुल का नाम चमकाने वाला हो। यदि पाप युत-दृष्ट हो तो सन्तान बाधा।
सूर्य छठे भाव में	शत्रुनाश, रोग शमन, अच्छे पद की प्राप्ति, व्यय में वृद्धि, स्त्री क्लेश, स्वस्थ, धनवान, कीर्तिवान, सूर्य निर्बल हो तो शत्रुभय, पाप प्रभाव में हो तो दीर्घ रोग। गुरु द्वारा दृष्ट सूर्य चिकित्सा के क्षेत्र में सफलता देता है।
सूर्य सातवें भाव में	स्वभाव में तीक्ष्णता, स्त्री क्लेश, स्त्री विरोध, अल्प कामित्व, शरीर कृश, व्यवसाय में कमी,

	परदेश यात्रा, उदार, यशस्वी, स्त्री को सदैव कष्ट।
सूर्य अष्टम भाव में	रोग भय, पित्त का विकार, चिन्ता, अधिक व्यय, गुप्त रोग, व्रण विकार, कुटुम्ब क्लेश, भोजन क्लेश, नेत्र पीड़ा (विशेषकर दाहिने नेत्र में), अल्पधनी। मंगल या शनि की दृष्टि हो तो धन-क्षय एवं हृदय रोग आदि से अनायास मृत्यु का द्योतक है। पुरुष कुण्डली में पत्नी की तथा स्त्री कुण्डली में पति की असामयिक मृत्यु का सूचक है।
सूर्य नवम भाव में	बुद्धि तीक्ष्ण हो, विद्या में वृद्धि, साहसी, वाहन व नौकर का सुख। यात्रा एवं तीर्थ यात्रा, ज्योतिष में रुचि एवं पिता के लिए अशुभ।
सूर्य दशम भाव में	धन-वैभव की वृद्धि, भाग्यवान, पराक्रमी, तीव्र बुद्धि, प्रताप में वृद्धि, व्यवसाय में वृद्धि, राज सम्मान, प्रतिष्ठा। यश-सम्पत्ति की वृद्धि। उदार, उच्चपद प्राप्ति, मितव्ययी, मातृक्लेश, विद्वान, विख्यात।
सूर्य एकादश भाव में	साहस में वृद्धि, अनेक प्रकार के लाभ, राज संबंध, दीर्घायु, धनवान, अनायास लाभ, प्रथम संतति क्लेश। उदर विकार तथा सन्तान चिन्ता।
सूर्य बारहवें भाव में	उदासीनता, मातृ क्लेश, शत्रु बाधा, शत्रु नाश, शरीर कृश, राजकीय कर्म में बाधा, अच्छे कार्य में व्यय। व्यर्थ व्यय कर्ता। नेत्र रोगी, कामी, पिता का विरोधी, बन्धु-बान्धवों से झगड़े, पाप प्रभाव में हो तो शय्या सुख में कमी हो। निर्बल होने पर धन नाश, कारावास, राज दण्ड-बन्धन का कष्ट देता है।

| चन्द्र |

चन्द्रमा प्रथम भाव में — शारीरिक सुख साधारण, मानसिक प्रसन्नता रहे। कभी दुर्बल, कभी मोटा हो। स्त्री सुख अच्छा रहे, व्यवसाय की उन्नति हो। गायन, वादन, योग आदि में रुचि। मुखाकृति आकर्षक। यह सभी शुभ फल लग्न में कर्क या वृष राशि होने पर मिलते हैं। लग्न में मेष या तुला राशि होने पर शुभ फलों में न्यूनता रहती है। इसके साथ ही यदि चन्द्रमा बली हो तो शुभ फल देने में समर्थ होगा, निर्बल होने पर उसकी शुभ फल देने की क्षमता भी निर्बल हो जाती है। क्षीण चन्द्रमा प्राय: अशुभ फल ही देता है। अन्य राशियों में होने से तथा बली न होने से प्राय: शरीर के किसी अंग या बुद्धि में विकृति रहती है।

चन्द्रमा दूसरे भाव में — धनवान, शान्त स्वभाव, व्यवहार कुशल, मधुर भाषी, किसी स्त्री द्वारा धन प्राप्ति, कुटुम्ब सुख अच्छा रहे, भोजन अच्छा मिले, स्त्री विलास में दक्ष, सहनशील, दयालु, बहिन-भाई थोड़े हों।

चन्द्रमा तीसरे भाव में — साहसी, व्यवसायी, बुद्धिमान, चंचल, भ्रातृवान, यात्रा प्रेमी, वाहन सुख, अल्प भाषी, स्मरण शक्ति अच्छी, कला एवं साहित्य में रुचि, बार-बार व्यवसाय बदलने वाला।

चन्द्रमा चतुर्थ भाव में — गृहादि सुख युक्त, बन्धु युक्त, मित्र युक्त, विनीत, बुद्धिमान, दयालु, शान्त स्वभाव, सुखी, विद्वान, यशस्वी।

चन्द्रमा पंचम भाव में — बुद्धिमान, विद्वान, अनेक शास्त्रों को जानने वाला, विनीत, गायन प्रिय, क्षमा शील,

तेजस्वी, धन-भूमि-वाहन-सन्तान का उत्तम सुख। डरपोक, अनायास धन प्राप्ति।

चन्द्रमा छठे भाव में बचपन में दुखी, शत्रु से दुखी, अल्प व्ययी, नेत्र विकार युक्त, पशु प्रिय, भृत्य प्रिय, पाचन शक्ति कमज़ोर, संकीर्ण मनोवृत्ति, मन्द बुद्धि, भोग शक्ति निर्बल, शत्रु बहुत हों। माता का अनादर करे।

चन्द्रमा सप्तम भाव में कामी, मित भाषी, चंचल, विलासी, तीक्ष्ण स्फूर्ति युक्त, सुन्दर मृदु वाक, शीतल स्वभाव, व्यवसायी, घूमने वाला। स्वयं सुन्दर स्त्री भी सुन्दर, व्यापार में लाभ। वाद-विवाद में सफल। पत्नी द्वारा धन लाभ, सुखी गृहस्थ जीवन। चन्द्रमा सप्तमेष हो या बलवान होकर सप्तम में होने से 24 वर्ष की आयु में विवाह। शनि दृष्ट चन्द्र वीर्य रोग व नपुंसकता देता है। शनि युत हो तो पत्नी अधिक आयु की हो।

चन्द्रमा अष्टम भाव में चंचल, ईर्ष्यालु, नीच बुद्धि युक्त, चिन्ताशील, अल्पकुटुम्बी, दानी, असत्यवादी, कठोर हृदय, नेत्र रोग या अन्य कोई रोग। माता को अरिष्ट। शुक्र-मंगल से पीड़ित हो तो जल में डूब कर मरने की संभावना।

चन्द्रमा नवम भाव में धर्मात्मा, चंचल, विदेश प्रिय, संयमी, बुद्धिमान, विद्या प्रिय, सुशील, वृद्ध सेवी, साहसी, सुखी, पराक्रमी, भाग्यवान, कीर्तिवान, परोपकारी, प्राकृतिक सौन्दर्य-प्रेमी, लंबी यात्राएं। कभी-कभी गहरे विचारों में खोया-खोया, कुछ-कुछ वहमी।

चन्द्रमा दशम भाव में दीर्घायु, मनस्वी, बुद्धिमान, विलासी, भोगी, धर्मात्मा, राज कार्य युक्त , मातृ सुख युक्त,

| | मित्र युक्त, धनवान, पुण्यात्मा, सुन्दर, विद्यावान, साहसी, यशस्वी, व्यापार व्यवसाय में सफलता। हर काम में सहज सफलता। चर राशि का हो तो बार-बार आजीविका बदले। उच्च पद प्राप्त। |

चन्द्रमा लाभ भाव में — साहसी, संयमी, धनवान, मन्त्रज्ञ, राजकार्य दक्ष, मनस्वी, पुत्र प्रेमी, स्त्रियों पर प्रभाव डालने वाला, दीर्घायु, शास्त्र श्रोता, ज्ञानी, भू-स्वामी। शुक्र के साथ हो तो वाहन प्राप्ति तथा कला-साहित्य प्रेमी।

चन्द्रमा बारहवें भाव में — चिन्ताशील, शत्रु युक्त, अधिक व्ययी, मृदुभाषी, आलसी, अपमानित, मिथ्यावादी, भ्रमणशील, उग्र स्वभाव, नीच प्रकृति, स्वजन विरोधी, लोग द्वेष करें। सूर्य मंगल से दृष्ट हो तो राज दण्ड, कारावास का भय।

नोट : चन्द्रमा के सभी भावों के उक्त सामान्य फल चन्द्रमा के बल अनुसार परिवर्तनशील हैं।

मंगल

मंगल प्रथम भाव में — शरीर कृश, व्रण विकार, लौह धात, अग्नि भय, उदर विकार, मातृ क्लेश, बाल्यावस्था में कष्ट, स्त्री क्लेश, व्यवसाय में हानि। साहसी, क्रूर, उच्चाकांक्षी, दुर्घटना की सम्भावना। पराक्रमी, मकर राशि का पितृ घातक होता है। स्वराशि या उच्च का हो तो उच्च पदाधिकारी या उच्च कोटि का व्यवसायी।

मंगल दूसरे भाव में — नेत्र या कान में विकार, कुटुम्ब क्लेश, कलह, चोरी का भय, चोर द्वारा धन की क्षति हो।

कटु वचन बोलने वाला। उग्र स्वभाव, व्यंग्य वाणी, असभ्य, अपकीर्तिवान, मन्द बुद्धि, अल्प विद्यावान। निर्बल हो तो भारी आर्थिक हानि का सूचक।

मंगल तीसरे भाव में	बलवान, साहस में वृद्धि, भ्रातृ क्लेश, मातृ क्लेश, कटु वचन की वृद्धि, रूखापन अधिक, यात्रा अधिक, यश-प्रताप की भी वृद्धि। धनी, गुणी, सुखी, बहादुर, पराक्रमी, स्व पुरुषार्थ से धन लाभ। भाई के सुख से वंचित। पत्नी दुखी। इस भाव में मंगल भाइयों में प्यार नहीं रहने देता।
मंगल चौथे भाव में	मातृ क्लेश, बन्धु विरोध, भूमि-सम्पत्ति लाभ की वृद्धि, स्त्री को क्लेश, चित्त सदैव संतप्त रहे। कठोर हृदय, दुखी गृहस्थ जीवन एवं सम्पत्ति और संतति दोनों में से एक का सुख मिलता है। मंगल निर्बल हो, तो कई कठिनाइयां एवं मकान आदि को आग लगने का भय।
मंगल पंचम भाव में	उदर विकार, बुद्धि तीक्ष्ण, संतति क्लेश, अधिक व्यय, गुप्त रोग, भूख अधिक लगे। पत्नी का गर्भपात। पाप युत हो तो बुद्धि भ्रष्ट। स्व गृही, शुभ युत दृष्ट हो तो योग्य सन्तान देता है।
मंगल छठे भाव में	व्रण विकार, शत्रु वाधा, शत्रु नाश, रक्त विकार, धर्मोन्नति, प्रताप की वृद्धि, अधिक लाभ तथा अधिक व्यय। स्त्री को गर्भ की बाधा। साहसी, धैर्यवान, परिवार की उन्नति करे किन्तु मातुल पक्ष के लिए शुभ नहीं।

मंगल सातवें भाव में	स्त्री क्लेश, धन की क्षति, व्रण विकार, पितृ संबंधी हानि, ईर्ष्यालु तथा क्रोधी स्वभाव, दुखी विवाहित जीवन, पत्नी रोगी रहे। पत्नी द्वारा अपमान हो, कटु भाषी, चिंतित रहे। सप्तम भाव का मंगल डाक्टरों तथा पुलिस अधिकारियों के लिए लाभप्रद होता है।
मंगल अष्टम भाव में	संकुचित स्वभाव, रक्त विकार, गुप्तरोग, भ्रातृ क्लेश, धन की चिन्ता, लाभ की चिन्ता, चोर भय, शत्रु भय, निर्धन, चिन्ता ग्रस्त। भाई-बहन भी शत्रु बन जाते हैं।
मंगल नवम भाव में	अल्प लाभ, उद्योग की क्षति, सामान्य राज संबंध, भाग्योदय, यश-मान-प्रतिष्ठा वृद्धि, भ्रातृ क्लेश, विरोध, पिता से असन्तोष, कठोर स्वभाव, ईर्ष्यालु, धर्म कर्म से विमुख, असत्यवादी, शंकालु। डॉक्टरों को कीर्ति व धन देता है।
मंगल दशम भाव में	मान प्रतिष्ठा में उन्नति। राजकीय संबंध, स्वतंत्र व्यवसाय, शत्रु पर विजय। धनी, सुखी, प्रसिद्ध, राजनीतिज्ञ, भूमि स्वामी, उच्च पद प्राप्ति, संतति क्लेश।
मंगल ग्यारहवें भाव में	उन्नति, साहस, धीरता, वीरता, यात्रा, विदेश स्थिति, अधिक व्यय, चंचल, कटुभाषी। सिंह राशि या लाभेश से युत मंगल उच्च राजपद दिलाता है। मित्र विश्वासपात्र नहीं होते। संतति क्लेश एवं स्त्री क्लेश।
मंगल बारहवें भाव में	अधिक व्ययी, दुर्व्यसनी, कर्ण रोगी, नेत्र रोगी, स्त्री क्लेशकारी, उत्साह हीन। नीच प्रकृति, विवश, झगड़ालू, भोजन भट्ट, कामुक, स्त्री सुख में कमी।

बुध

बुध प्रथम भाव में बुद्धिमान, सुन्दर, विद्वान, मिष्टभाषी, अधिक बोलने वाला, उदार, मितव्ययी, मित्र प्रिय, बन्धु पोषक, स्त्री प्रिय, हास्य-विनोद प्रिय, गणितज्ञ, स्त्रियों में आकर्षण। साहित्य एवं काव्य में रुचि।

बुध दूसरे भाव में मितव्ययी, संग्रही, सुन्दर, कुटुम्बी, साहसी, मिष्ट भाषी, क्लेश हीन, सत्कार्य कारक, भ्रातृ सुख, चतुर, सुखी, बुद्धिमान। उच्च राशि का शुभ प्रभाव में हो तो ऊंची शिक्षा प्राप्त। गुरु से युत हो तो गणित शास्त्र में निष्णात, न्याय कुशल, नीतिवान, कथा वाचक बनाता है। बैंक कर्मचारियों के लिए शुभ है। काव्य में रुचि।

बुध तीसरे भाव में अल्प भ्रातृवान, सत्कार्यकर्ता, व्यवसायी, बुद्धिमान, यात्राशील, धर्मात्मा, मित्र वात्सल्य, बन्धु पूज्य, चंचल, सद्गुण युक्त। अपने काम में चतुर, परिश्रमी, ज्योतिष-काव्य-लेखन-पठन में रुचि।

बुध चौथे भाव में मातृ प्रेमी, बन्धु प्रेमी, बुद्धिमान, विद्धान, विनीत, नीति-निपुण, वाहन प्रिय, वृद्ध सेवी, भाग्यवान। ज्योतिष में रुचि, उदार, संगीत प्रिय, मित्र-धन-सुख युक्त।

बुध पंचम भाव में बुद्धिमान, चंचल, हास्यप्रिय, शास्त्रप्रिय, कुटुम्बी, धनवान, उद्यमी, मधुर भाषी, विद्वान, वाद्य-काव्य प्रेमी। विद्या द्वारा सुख प्रताप की वृद्धि, मंत्रज्ञ।

बुध छठे भाव में परिश्रमी, बाल्यकाल में क्लेशित, दुर्बल, चंचल, स्त्री प्रिय, कामुक, आलसी, शत्रु

	रहित, धैर्यहीन, विवेकी, किन्तु विवाद के समय शीघ्र क्रोधित हो जाने वाला। स्वतंत्र व्यापार हानिकर।
बुध सातवें भाव में	बुद्धिमान, सुन्दर, अल्पवीर्य, विलासी, स्त्री प्रिय, व्यवसायी, दीर्घायु, धनी, स्पष्ट वक्ता, स्त्री के वशीभूत।
बुध अष्टम भाव में	मनस्वी, कष्ट रहित, बलवान, गम्भीर, धनवान, कुटुम्बी, धर्मात्मा, बालकपन में क्लेश युक्त, दीर्घायु, सम्मानित, स्मरण शक्ति तीव्र, विख्यात। शुभ प्रभाव का होने पर अचानक धन लाभ देता है। अशुभ प्रभाव का होने पर कष्ट देता है।
बुध नवम भाव में	बुद्धिमान, चंचल, विद्वान, भाग्यवान, धनवान, संग्रही, व्यवसायप्रिय, धर्म भीरु, सच्चरित्र, यशस्वी, सदाचारी, संतान-सौख्य-धन तीनों की प्राप्ति। काव्य-संगीत-ज्योतिष में रुचि।
बुध दशम भाव में	भाग्यवान, बुद्धिमान, मनस्वी, स्वतंत्र, धनवान, राजप्रिय, राजमान्य, मातृ-पितृ भक्त, गृह-भूमि-सम्पत्तिवान, सत्यवादी, विद्वान। पुरुषार्थ से उन्नति करे। स्मरण शक्ति तीव्र। व्यवहार कुशल।
बुध ग्यारहवें भाव में	विद्वान, यशस्वी, पुत्रवान, विचारवान, सद्व्ययी, धनवान, शत्रु नाशक, उदार, स्वाभिमानी, परोपकारी, शास्त्रज्ञ, दीर्घायु।
बुध बारहवें भाव में	मिष्ट भाषी, सद्व्ययी, धनवान, सुन्दर, सुमुख, सुनेत्र धर्मात्मा, चतुष्पद प्रिय। गुप्त शत्रुओं द्वारा झूठे अपवादों से दुखी। उच्च का बुध सिद्धि प्राप्त कराता है।

गुरु	
गुरु प्रथम भाव में	सुन्दर, बुद्धिमान, सुखी, विनीत, धर्मात्मा, धनवान, पुत्रवान, विद्वान, कामी, दीर्घायु, प्रतिष्ठित, ज्योतिष में रुचि, नम्र, सम्मानित, राजमान्य, सर्वत्र विजय लाभ।
गुरु दूसरे भाव में	किसी ग्रह से युक्त या धनुराशि या मीन राशि में होने से भाग्यवान, धनवान, कुटुम्बी, मधुरभाषी, अच्छा भोजन करने वाला, व्यापारशील, शत्रुनाशक, दीर्घायु होता है। यदि गुरु दूसरे भाव में अकेला हो (अपनी राशि में न हो) तो अशुभ फल देता है। धन नाश तथा कुटुम्ब क्लेश करता है।
गुरु तीसरे भाव में	धर्मात्मा, दानी, ऐश्वर्यवान, भोगी, कामुक, स्त्री प्रिय, व्यवसायी, विदेश प्रिय, पर्यटनशील, वाहनयुक्त।
गुरु चौथे भाव में	दीर्घायु, वाहनयुक्त, बन्धु पूज्य, मातृ-पितृ भक्त, ऐश्वर्यवान, व्यवहार कुशल। उच्च शिक्षा प्राप्त, सुखी, सर्वत्र सम्मान प्राप्त। चतुर्थ का गुरु सन्तान प्रतिबन्धक भी होता है।
गुरु पंचम भाव में	अन्य ग्रह के साथ होने से जातक को बुद्धिमान, विद्वान, नीति विशारद, राज मान्य और साहित्य प्रेमी बनाता है। ज्योतिष में रुचि प्रदान करता है। अकेला होने पर उदर विकार कारक तथा सन्तान बाधा कारक होता है।
गुरु छठे भाव में	विद्वान, प्रतापी, ज्योतिष में रुचि, वाहन सुख, दुर्बल, आलसी, विवेकी, रोग से शीघ्र मुक्ति, शत्रु नाशक, रोग रहित, किन्तु मानसिक पीड़ा भी रहती है।

गुरु सप्तम भाव में	सुन्दर, सुवाक्, धनवान, विद्वान, पराक्रमी, ज्योतिष में रुचि, कामी, स्त्री प्रेमी, सुखी वैवाहिक जीवन, अपने पिता से अधिक सम्मान पाने वाला। साझेदारी के व्यवसाय में सफलता का द्योतक है।
गुरु अष्टम भाव में	दीर्घायु, नीच बुद्धि का, मनस्वी, विद्वान, लोभी, चिन्तायुक्त, दुखी, गुप्तरोगी होता है तथा मित्रों द्वारा धन नाश की आशंका रहती है।
गुरु नवम भाव में	धर्मात्मा, भाग्यवान, विद्वान, बुद्धिमान, पुत्रवान, तीर्थ यात्राएं करने वाला। राज पूज्य, आध्यात्मिक प्रवृत्ति, धनवान, समृद्धिशाली, सामाजिक कार्यों में सफल, गृह सुखी, प्रतिभाशाली। मंगल से दृष्ट होने पर यात्रा में दुर्घटना का सूचक।
गुरु दशम भाव में	भाग्यवान, मातृ-पितृ भक्त, शत्रुहन्ता, प्रसिद्ध, धनवान, लाभवान, कुटुम्बी, पुण्यात्मा, अहिंसक प्रवृत्ति, उच्चस्तरीय रहन-सहन, राज्य सम्मान प्राप्त। उच्च पद पर आसीन।
गुरु एकादश भाव में	धनवान, समृद्धिशाली, पुत्रवान, यशस्वी, सत्यप्रिय, विद्वान, पराक्रमी, सम्मानित, दानशील, स्त्रीभक्त, सद्व्ययी, विश्वस्त मित्रों से युक्त। गुरु अकेला होने से लाभ को रोकता है।
गुरु बारहवें भाव में	मितभाषी, मिष्ठ भाषी, निन्दक, लोभी, दुखी, दुष्ट चित्त, यात्रा करने वाला, अति व्ययी, निम्न श्रेणी का कार्य करने वाला, योगाभ्यासी, उदार, शास्त्रज्ञ, जीवन के उत्तरार्ध में सफल रहने वाला।

शुक्र	
शुक्र प्रथम भाव में	सुन्दर, विद्वान, भोगी, विलासी, सत्संगी, सुखी, राजप्रिय, नीतियुक्त, कामी, दीर्घायु, प्रसिद्ध, बुद्धिमान, कोमल स्वभाव, प्रसन्नचित, काव्य-संगीत-मनोरंजन-सुगंधित वस्तुओं का प्रेमी।
शुक्र दूसरे भाव में	धनवान, कटुम्बी, विद्वान, दीर्घायु, साहसी, भाग्यवान, अच्छा भोजन करने वाला, काव्य में रुचि, वाणी एवं नेत्र सुन्दर, कलात्मक प्रवृत्ति। कर्तव्य परायणा, सुन्दर-सहयोगी पत्नी।
शुक्र तीसरे भाव में	पराक्रमी, विद्वान, भाग्यवान, पर्यटनशील, मातृभक्त अच्छे नौकर वाला। सुखी, धनी, कर्तव्य परायण, कृपण, पत्नी से असन्तोष।
शुक्र चौथे भाव में	भाग्यवान, धनवान, व्यवसायी, पितृ भक्त, वाहनवान, यशस्वी, व्यवहार दक्ष, पुत्रवान, मकान एवं वाहन सुख, सुखी एवं शान्त गृहस्थ जीवन।
शुक्र पांचवे भाव में	बुद्धिमान, विद्वान, सुन्दर, प्रतिभायुक्त, व्यवसायी, पुत्रवान, काव्य प्रेमी, सुवक्ता, शत्रु नाशक, उदार, स्नेही स्वभाव, सुन्दर सन्तान। संगीत में रुचि, चतुर, नीतिज्ञ, सुखी, भोगी, न्यायी, सद्गुणी।
शुक्र छठे भाव में	व्रणी, गुप्त रोगी, स्त्री प्रिय, शत्रु नाशक, मितव्ययी, सद्व्ययी, संकीर्ण मनोवृत्ति, अस्वस्थ, स्त्री सुख में कमी। सेवा भावी, वैभव हीन।
शुक्र सातवें भाव में	चंचल, बुद्धिमान, भोगी, विलासी, शरीर

	सुन्दर, कामुक, धातु विकार युक्त, भाग्यवान, संगीतप्रिय, सौन्दर्य प्रेमी, अपने पिता से अधिक प्रभावशाली एवं उच्च स्तर का रहन-सहन, कई स्त्रियां परिचित एवं मित्र हों। विवाहोपरान्त उन्नति।
शुक्र आठवें भाव में	कामी, गुप्त रोगी, दुखी विवाहित जीवन। अनुचित कर्मों में रुचि और विदेश यात्रा का योग।
शुक्र नवम भाव में	बुद्धिमान, विद्वान, धर्मात्मा, सुशील, सत्यप्रिय, राजप्रिय, सम्मानित, तीर्थ यात्रा करने वाला, चतुर, सुखी घरेलू जीवन और विदेश यात्रा।
शुक्र दशम भाव में	गुणवान, भाग्यवान, सम्पत्तिवान, यशस्वी, मातृ-पितृ भक्त, ज्योतिष में रुचि, सम्मानित, ऐश्वर्यवान।
शुक्र गयारहवें भाव में	धनवान, पुत्रवान, कामुक, बुद्धिमान, उदार, विलासी, वाहनसुख, प्रभावशाली।
शुक्र बारहवें भाव में	धनवान, मितव्ययी, मिष्ठ भाषी, शत्रुनाशक, धातु विकार, पत्नी से मनमुटाव। शय्या सुख अच्छा।

शनि

शनि प्रथम भाव में	कुरूप, आलसी, दरिद्र, कामी, मलिन, बालरोगी। यदि धनु, मीन, तुला, वृष, मकर, कुम्भ राशि का हो, तो सुन्दर, भाग्यवान, गुणवान, प्रतापी, धनवान, वाहनवान होता है।
शनि दूसरे भाव में	धनी, कुटुम्बी, कटुभाषी, भ्रातृ वियोगी। मातृ भक्त बाल्यकाल में दुखी।

शनि तीसरे भाव में	साहसी, बुद्धिमान, स्वस्थ, अतिव्ययी, शत्रु विजयी, भाई-बहनों से मन मुटाव।
शनि चौथे भाव में	दुर्बल, कृश, भाग्यवान, उदर व्याधि युक्त, उदास, दुखी गृहस्थ जीवन।
शनि पंचम भाव में	आलसी, उदर विकार युक्त, सन्तान बाधा, ईर्ष्यालु, दयाहीन, चंचल, भ्रमणशील।
शनि छठे भाव में	साहसी, बलवान, आचार हीन, रोगी, शत्रु वाधायुक्त, शत्रु नाशक। मातृ क्लेशयुक्त।
शनि सातवें भाव में	आलसी, कामी, विलासी, भ्रमणशील, स्त्री भक्त, नीच कर्म में रत।
शनि आठवें भाव में	बुद्धिमान, कामी, गुप्त रोगी, दूसरे की सेवा करने वाला। दीर्घायु, अधिक परिश्रमी, डरपोक। मंगल से दृष्ट होने पर दुर्घटना की आशंका।
शनि नवम भाव में	धर्मात्मा, बलवान, साहसी, भ्रातृहीन, लाभवान, शत्रु पीड़ित, क्रान्तिकारी और धार्मिक विचारों वाला।
शनि दशम भाव में	भाग्यवान, पितृ सुखी, मातृ क्लेश प्रद, उदर विकार, राज कार्य कर्ता, स्त्री क्लेश युक्त। अनायास उत्थान- पतन।
शनि ग्यारहवें भाव में	परिश्रमी, बुद्धिमान, व्यवसायी, स्त्री क्लेश युक्त, भ्रातृ क्लेश कर, उद्योगी, उच्च राशी का हो तो पुत्रहीन।
शनि बारहवें भाव में	आलसी, शत्रु पीड़ा युक्त, नेत्र विकृति युक्त, वाहन क्लेशी, मातुल पक्ष को कष्ट प्रद। अति व्ययी, कटु भाषी, राजदण्ड की आशंका।

राहु	
राहु प्रथम भाव में	अध्ययन शील, विद्रोही स्वभाव, दुर्बल स्वास्थ्य, आक्रमणकारी वाणी, बात-बात पर संदेह करने वाला, कामुक, निम्न से उच्च श्रेणी तक उन्नति करने वाला।
राहु दूसरे भाव में	कटु भाषी, डिप्लोमेटिक भाषा (ऐसी भाषा जिसके दो अर्थ हों) बोलने वाला, हकला कर बोलने वाला। भ्रातृ सुख रहित।
राहु तीसरे भाव में	साहसी, पराक्रमी, बुद्धिमान, जन्म स्थान से दूर जाने वाला, व्यवसायी।
राहु चौथे भाव में	असत्यवादी, मातृ क्लेश युक्त, उदर व्याधि युक्त।
राहु पंचम भाव में	बुद्धिमान, भाग्यवान, नीतिदक्ष, कार्यकर्ता, शास्त्र प्रिय, उदर व्याधि कारक।
राहु छठे भाव में	साहसी, धनी, शत्रु विजयी, शत्रु बाधा युक्त, दीर्घायु, प्रसिद्ध।
राहु सातवें भाव में	चतुर, चंचल, लोभी, स्त्री क्लेशी, कामुक, वैवाहिक जीवन विषादमय।
राहु आठवें भाव में	कठोर परिश्रमी, उदर रोगी, गुप्तांग रोगी, कामुक। शत्रु युक्त।
राहु नवम भाव में	धर्मात्मा, बुद्धिमान, भाग्यवान, 42 वर्ष की आयु में भाग्योदय।
राहु दशम भाव में	प्रतिभाशाली, ख्याति प्राप्त, मातृ-पितृ क्लेश युक्त, मितव्ययी, सन्तति क्लेशी।
राहु ग्यारहवें भाव में	परिश्रमी, लोभी, अल्प सन्तति, अनुचित साधनों द्वारा धन लाभ।

राहु बारहवें भाव में	अति व्ययी, कामी, विवेकहीन, मन्दमति, अनुचित कर्मरत, विवाहित जीवन विषाद मय।

केतु

केतु प्रथम भाव में	अस्थिर मन, व्यवहार कुशल, मन्दमति। वृश्चिक राशि में हो तो शुभ फलदायक होता है।
केतु दूसरे भाव में	कटु भाषी, मुख रोगी, अपव्ययी।
केतु तीसरे भाव में	बुद्धिमान, पराक्रमी, भ्रमणशील।
केतु चौथे भाव में	आलसी, बातूनी, चंचल, उदर व्याधि, मातृ सुख में कमी।
केतु पांचवे भाव में	अस्थिर बुद्धि, गुप्त विद्याओं में रुचि, उदर विकार। सन्तान बाधा, सन्तान पक्ष से दुखी।
केतु छठे भाव में	पराक्रमी, झगड़े मुकदमें में उलझा रहे, बाल्यकाल में दुखी, शत्रु बाधा, शत्रु विजयी, मितव्ययी।
केतु सातवें भाव में	अल्प सुखी, कामी, स्त्री क्लेश। विवाहित जीवन अशान्त।
केतु आठवें भाव में	कामी, उदर व्याधि युक्त, गुप्त रोगी, शत्रु युक्त, चिन्तित।
केतु नवम भाव में	पर्यटनशील, विचारों में कोई नीचता की बात रहे। अनुचित कर्मों में रुचि। 48 वर्ष की आयु में भाग्योदय।
केतु दशम भाव में	निम्न कोटि का व्यवसायी। पिता को अरिष्ट कर। पिता से विचार वैषम्य। उत्थान-पतन।

केतु ग्यारहवें भाव में	परिश्रमी, समृद्धिशाली, स्वयं की हानि करने वाला। अनुचित साधनों से धनार्जन।
केतु बारहवें भाव में	अतिव्ययी, कामी, चिन्ताशील, योगी, अध्यात्म में रुचि।

टिप्पणी : राहु एवं केतु मेष, वृष, मिथुन, कर्क, कन्या, धनु और मीन राशि में होने से अल्प दोषप्रद तथा किसी अन्य ग्रह के साथ होने से लाभप्रद होते हैं।

राहु एवं केतु जिस भाव में बैठते हैं, उस भाव के स्वामी के अनुसार तथा जिस ग्रह के साथ बैठे हों उसके अनुसार फल देते हैं। अत: ऊपर दिए गए फल कुण्डली की ग्रह स्थिति के अनुसार बदल जाने वाले हैं।

जन्म नक्षत्र फल

जन्म के समय चन्द्रमा जिस नक्षत्र में होता है, उसे ही जन्म नक्षत्र कहते हैं। किस नक्षत्र में जन्म का क्या फल होता है, यहां दिया जा रहा है।

अश्विनी	– सुन्दर, बुद्धिमान, धनवान, गठीला शरीर, भाग्यवान।
भरणी	– सत्यवक्ता, उत्तम विचारों वाला, स्वास्थ्य अच्छा, विदेश गमन की इच्छा, भाग्योदय विलम्ब से हो।
कृतिका	– स्वेच्छानुसार कार्य करने वाला, कृपण, स्त्रियों से मित्रता बढ़ाने में निपुण।
रोहिणी	– सुन्दर, मेधावी, सत्य वक्ता, मधुर भाषी, बुद्धि तीव्र, धनवान।
मृगशिरा	– चंचल, चतुर, स्वार्थी, काम निकालने में निपुण, कामी।
आर्द्रा	– मनोबल अच्छा, बुद्धिमान, निम्नविचार युक्त, जो कमाए खर्च हो जाए, धन संग्रह करना मुश्किल हो।
पुनर्वसु	– सुन्दर, बुद्धिमान, विद्वान, शान्त, सुखी, सन्तान सुख –पुत्र युक्त।

पुष्य – सुन्दर, शान्त, धार्मिक, विद्वान, कार्य दक्ष, मेधावी, धनी।

आश्लेखा – क्रूर स्वभाव, दुराचारी, अभक्ष्य भक्षी, असत्यवादी, धूर्त।

मघा – चतुर, व्यवहार कुशल, कामी, भोगी, धनवान, नौकर-वाहन युक्त

पूर्वा फाल्गुनी – शिक्षित, हर काम में निपुण, गम्भीर, धनवान।

उत्तरा फाल्गुनी – सत्य वक्ता, मृदु भाषी, शूरवीर, जितेन्द्रिय, कुशाग्र बुद्धि।

हस्त – मिथ्या भाषी, मुखिया, चरित्र हीन, सेना में हो तो उच्च पद पा सके।

चित्रा – बुद्धिमान, साहसी, धार्मिक, स्त्री-सन्तान सुख युक्त।

स्वाति – बुद्धिमान, चतुर, व्यवहार कुशल, धार्मिक, लोक प्रिय।

विशाखा – कामुक, दुराचारी, लोभी, अहंकारी, सामान्य बुद्धि वाला।

अनुराधा – साहसी, बुद्धिमान, विद्वान, हर काम् में निपुण, यात्रा बहुत करे।

ज्येष्ठा – धर्माचरण करने वाला, शीतल स्वभाव, सुन्दर मुखड़ा, स्वकार्य दक्ष।

मूला – चतुर, वाक पटु, परोपकारी, प्रकृति प्रेमी, धनवान, सम्मानित।

पूर्वाषाढ़ा – बुद्धिमान, उपकारी, सर्वकार्य निपुण, उदार, सर्वप्रिय, भाग्यवान।

उत्तराषाढ़ा – विनम्र, शान्त, बहादुर, बुद्धिमान, शिक्षित, लोकप्रिय, सुखी, कामी।

श्रवण	–	सुन्दर, कृतज्ञ, गम्भीर, बहुत बोलने वाला, संगीत-गणित-ज्योतिष में रुचि।
धनिष्ठा	–	संगीत में रुचि, बन्धुओं से मान्य, धनवान, धार्मिक, इज़्ज़त मान पाए।
सतभिषा	–	बुद्धिमान, चतुर, व्यसनी, विदेश में रहने की कामना करने वाला।
पूर्वा भाद्रपद	–	निद्रा बहुत आए, बहुत बोलने वाला, सन्तान युक्त, सामान्य गृहस्थ जीवन।
उत्तरा भाद्रपद	–	सुन्दर, पराक्रमी, साहसी, गौर वर्ण, धार्मिक, शत्रु विजयी, धन-धान्य-संतान युक्त।
रेवती	–	बुद्धिमान, विद्वान, धन धान्य युक्त, मेधावी, प्रतिभाशाली।

नोट :

1. इनमें से अश्विनी, आश्लेखा, मघा, ज्येष्ठा, मूल एवं रेवती ये छह नक्षत्र 'गण्ड मूल' कहलाते हैं। इनमें जन्म का विशेष शुभ एवं अशुभ फल होता है। जिज्ञासु 'फलित ज्योतिष रेडी रेकनर' (प्रकाशक - पुस्तक महल, दरिया गंज, दिल्ली) का अवलोकन करें।
2. एक-एक जन्म नक्षत्र के जो-जो फल लिखे हैं; प्रत्येक जातक में वे सारे के सारे नहीं पाए जाते। हां, कुछेक तो अवश्य ही पाए जाते हैं।
3. कृतिका, मृगशिरा, पुनर्वसु, उत्तरा फाल्गुनी, चित्रा, विशाखा, उत्तराषाढ़ा, धनिष्ठा एवं पूर्वा भाद्र पद – इन नक्षत्रों का कुछ भाग तो एक राशि में और कुछ भाग दूसरी राशि में पड़ता है। अतः इनमें से किसी नक्षत्र में जन्म होने पर नक्षत्र फल वही लागू होंगे, जो उस राशि से मेल खाते होंगे। किस राशि में जन्म होने से क्या फल होता है, यह आगे बताया जा रहा है।

जन्म राशि फल

यह पहले बताया जा चुका है, कि जातक के जन्म के समय चन्द्रमा जिस राशि में हो, वही उस जातक की जन्म राशि होती है। जो फल जन्म लग्न का होता है, वही फल जन्म राशि का होता है। जैसे किसी

का जन्म सिंह लग्न में हुआ है, तो उसका फल वही होगा जो सिंह राशि में जन्म का होता है। किन्तु प्रायः कुण्डलियों में जन्म लग्न तथा जन्म राशि पृथक-पृथक होते हैं, तब वहां दोनों फल पाए जाएंगे। उदाहरणार्थ–किसी का जन्म कर्क लग्न में हुआ और जन्म राशि मकर है; अब कर्क लग्न का स्वामी चन्द्रमा होने से उसमें चन्द्रमा के कुछ गुण विद्यमान होंगे और जन्म राशि मकर होने से मकर के स्वामी शनि के गुण भी उसमें अवश्य होंगे। यदि चन्द्रमा बलवान है तो जातक अच्छे नरम स्वभाव का एवं मृदु भाषी होगा। दूसरी ओर शनि के प्रभाव से स्वभाव एवं वाणी में कुछ उग्रता भी अवश्य होगी। चन्द्रमा व शनि एक दूसरे से विपरीत गुण वाले हैं, अतः ऐसे जातक में दोनों प्रकार के विपरीत गुण पाए जाएंगे। चन्द्रमा अति शीघ्र चलने वाला है और शनि अति धीरे। जातक तीव्र गति से चलने वाला होगा, किन्तु काम सम्पन्न करने की अथवा उन्नति करने की गति बहुत धीमी होगी। कहने का भाव यह है कि जन्म लग्न राशि और जन्म राशि भिन्न-भिन्न होने से जातक के जीवन में दोनों ही प्रकार के फल देखने में आएंगे। कुछ लग्न के फल, कुछ जन्म राशि के फल। अतः नवीन पाठकों को लग्न राशि के फल और जन्म राशि के फल दोनों ही जान कर किसी निर्णय पर पहुंचना चाहिए। अब यहां प्रत्येक राशि में जन्म का फल लिखा जाता है।

मेष राशि या मेष लग्न में जन्म का फल

जातक सुगठित शरीर, अच्छी आकृति, चंचल स्वभाव, अति साहसी, स्फूर्तिवान, उच्चाकांक्षी, दृढ़ निश्चयी, शीघ्र आवेश में आ जाने वाला होगा। हर बात में सबसे ऊपर रहना पसन्द करेगा। नेतृत्व करने का अभिलाषी होगा और अपनी समस्याओं का समाधान स्वयं ही निकालना चाहेगा। तनिक सी बात पर शीघ्र बिगड़ जाएगा। उग्र प्रकृति, हठी, निर्भय, पराक्रमी, बुद्धिमान, चतुर, उदार होगा। स्वतंत्र विचार धारा वाला, रजो गुणी, प्रभावशाली, धार्मिक विचारों वाला। प्रगतिशील, परिवर्तनशील एवं कुलदीपक होता है।

वृष राशि या वृष लग्न में जन्म का फल

जातक सुन्दर, मध्यम कद, विशाल मस्तिक वाला होता है। रंग साफ़, बाल काले और आंखें चमकदार होती हैं। शरीर पुष्ट होता है। सहनशक्ति अच्छी, रजोगुणी, बुद्धिमान, गुणवान, यशस्वी, मधुर भाषी, ऐश्वर्यशाली, धैर्यवान, साहसी, उदार, श्रेष्ठ संगति में रहने वाला होता है। धार्मिक विचारों वाला। शान्त स्वभाव होते हुए भी किसी समय उग्र हो जाता है। इच्छानुसार कार्य करने वाला। चतुर, मिलनसार, हठी, नीतिज्ञ, कामुक, राग-रंग-काव्य-संगीत-सुन्दरता-भोग विलास में रुचि। गहरे विचारों वाला, सुविधाभिलाषी, सम्मानित, प्रसन्नचित और अपने कार्यों को गुप्त रखने वाला। धन मान-सम्मान में वृद्धि हो। सुखी वैवाहिक जीवन।

लग्न पर पाप प्रभाव होने से परिवार जनों से अनादृत, कलह युक्त, चिंताओं से पीड़ित, मानसिक रोगी तथा मन ही मन में दुखी रहने वाला हो जाता है।

मिथुन राशि या मिथुन लग्न में जन्म का फल

जातक सुन्दर, गेहुंआ रंग का, छोटी नाक और सुन्दर नेत्र वाला होता है। शरीर संतुलित होता है। बुद्धिमान, चतुर, नम्र स्वभाव, मधुर भाषी, प्रसन्नचित्त, वृद्ध सेवी, गम्भीर विचारक, कामुक, गणितज्ञ, धनवान, ऐश्वर्यशाली, हास्य प्रवीण, लगन से काम सम्पन्न करने वाला। किसी विषय में शीघ्र निर्णय लेने में अक्षम। शान्त चित्त, यात्रा एवं परिवर्तन प्रेमी। साहित्य-कला आदि में विशेष रुचि रखने वाला होता है।

कर्क राशि या कर्क लग्न में जन्म का फल

जातक सुन्दर, गोरा रंग, सुगठित शरीर, बुद्धिमान, चतुर, उदार, यात्रा बहुत करने वाला, पैदल चलने का शौकीन होता है। धार्मिक विचारों वाला, सेवाभावी, वृद्ध सेवी, लोकप्रिय, मिलनसार एवं आवेशात्मक होता है।

ऐसा जातक मिष्ठान भोजी, ऊंची कल्पना शक्ति वाला, अपनी बुद्धि के बल से दूसरों से काम निकालने वाला, अपने बाहुबल से धन एकत्र करने वाला होता है। इसे जीवन में बहुत कठिनाइयों और बाधाओं का सामना करना पड़ता है। भोग विलास में विशेष रुचि एवं जीवन परिवर्तन शील होता है।

सिंह लग्न या सिंह राशि में जन्म का फल

जातक गेहुंआ रंग, चौड़ी छाती, विशाल मस्तक एवं दृढ़ अस्थि वाला होता है। धार्मिक विचार, दूसरों की सहायता करने वाला, बहादुर एवं उदार होता है। साहसी, पराक्रमी, सुगठित शरीर, उग्र स्वभाव और शानदार व्यक्तित्व व रौबीला होता है। समस्याओं और उलझनों के समाधान में सक्षम होता है।

रजोगुणी, अहंकारी, निर्भय, तीक्ष्ण बुद्धि, भोगी, साधु सेवी तथा कुछ क्रोधी भी होता है। योगाभ्यास में रुचि रखने वाला होता है। वैवाहिक जीवन अधिक सुखी नहीं होता।

कन्या राशि या कन्या लग्न में जन्म का फल

जातक सुन्दर, कद लम्बा, कोमल शरीर, स्त्री वर्गीय स्वभाव, नम्र, बुद्धिमान, चतुर, मधुर भाषी, गम्भीर, मन की बात गुप्त रखने वाला, डरपोक, विचार शील, धार्मिक, यात्रा प्रेमी, भोगी, काम क्रीड़ा कुशल, कई गुणों-कलाओं से युक्त, काव्य-गणित आदि में रुचि रखने वाला होता है। स्वभाव परिवर्तन शील। जिस बात पर बिगड़ जाए उस बात को न छोड़े। हठी, विवाह विलम्ब से होता है। वृद्धावस्था में भी युवा दिखाई दे।

तुला राशि या तुला लग्न में जन्म का फल

जातक सुन्दर, रंग गोरा, दुबला, लम्बा, नाक मोटी होती है। सतोगुणी, सत्यवादी, परोपकारी, यशस्वी, भ्रमण शील एवं तीर्थ यात्रा प्रेमी

होता है। धार्मिक, तीक्ष्ण बुद्धि, भीरु या साधु स्वभाव, प्रतिष्ठित, बुद्धिमान, चतुर, व्यवसाय कुशल, सुन्दरता-राग-रंग-संगीत-विषय भोग में विशेष रुचि होती है। ऐसे जातक शान्तिप्रिय होते हुए भी अनुचित दबाव सहन नहीं करते। परिवार की इज्ज़त का बहुत ध्यान रखते हैं। कल्पनाशक्ति बहुत अच्छी होती है। मानवता इनके जीवन का अंग होती है।

वृश्चिक राशि या वृश्चिक लग्न में जन्म का फल

जातक सुन्दर, गेहुंआ रंग, सुगठित एवं संतुलित शरीर वाला, सतर्क, साहसी, परिश्रमी, उदार, स्पष्ट वक्ता, विचारशील, नीतिज्ञ, विद्वान, शंकालु, स्वेच्छाचारी, व सेवाभावी होता है। अपनी योग्यता और परिश्रम से उन्नति करता है। उग्र स्वभाव, थोड़ी सी विरुद्ध बात पर शीघ्र बिगड़ जाए। बुद्धिमान, कल्पनाशक्ति अच्छी। अपनी बात पर दृढ़ रहता है। प्रबल आत्मिक शक्ति। कठिनाइयों और बाधाओं को कुचलकर आगे बढ़ता है। लग्न पाप दृष्ट हो तो झगड़ालू, असंयमी, अपराधी हो जाता है।

धनु राशि या धनु लग्न में जन्म का फल

सुगठित शरीर, आंखें विस्तृत तथा चमक पूर्ण होती हैं। जातक बुद्धिमान, धनवान, मेधावी, विवेकशील, सदाचारी, स्पष्ट वक्ता, वचन का दृढ़, परोपकारी, तीव्र बुद्धि, विश्वास पात्र, गम्भीर, दयालु, यदा-कदा हास्य एवं व्यंग्य वाणी का प्रयोग करने वाला होता है। ऐसा जातक धर्म, कानून, विज्ञान, दर्शन, काव्य, साहित्य, गुप्त विद्याओं एवं कलाओं का जानकार होता है। कार्यकुशल, साहसी एवं विख्यात होता है। स्वभाव में कुछ गरमी भी होती है। किसी विषय में शीघ्र ठीक निर्णय नहीं ले पाता। निर्णय लेने से पूर्व काफी सोच विचार करता है। ऐसे जातक कठिन से कठिन समस्याओं को अपनी बुद्धि और परिश्रम से सुलझा लेते हैं।

मकर राशि अथवा मकर लग्न में जन्म का फल

जातक का कद लम्बा, चेहरा अच्छा और नेत्र सुन्दर होते हैं। आध्यात्मिक प्रवृत्ति, परिश्रमी, व्यवहार कुशल, बुद्धिमान, मधुर भाषी, यात्रा प्रेमी, आत्म विश्वासी, सहन शक्ति प्रबल, हर समय व्यस्त, अपने बाहुबल से उन्नति करने वाला होता है। किसी विषय पर शीघ्र निर्णय नहीं ले पाता। विवाह विलम्ब से होता है। वैवाहिक जीवन असन्तुष्ट।

कुम्भ राशि अथवा कुम्भ लग्न में जन्म का फल

जातक गौर वर्ण, लंबे कद का, कुशाग्र बुद्धि एवं आकर्षक व्यक्तित्व का होता है। मिलनसार, प्रिय भाषी, परोपकारी, उदार, प्रभावशाली, सूक्ष्म दृष्टा, क्रान्तिकारी विचारों वाला, प्रगतिशील, ज्योतिष में रुचि रखने वाला, तेजस्वी, सर्व प्रिय, बातूनी एवं चंचल स्वभाव का होता है। लग्नेश निर्बल होने पर ऐसे जातक कामी, दम्भी, उत्तरार्ध में अपयश या लांछन प्राप्त करने वाले होते हैं।

मीन राशि अथवा मीन लग्न में जन्म का फल

जातक का कद औसत, चेहरा सुन्दर एवं शरीर स्थूल होता है। जातक बुद्धिमान, धनवान, संततिवान एवं धार्मिक होता है। विचार शक्ति प्रबल, दूर की बात सोचने वाला, कामुक, लोभी सहानुभूति पूर्ण, अत्यन्त कल्पना शील, उदार, अस्थिर प्रकृति का, महत्वाकांक्षी, सद्गृहस्थ, सुशिक्षित, शान्त, विनम्र, यशस्वी एवं पुरुषार्थ से अपने जीवन में मान प्रतिष्ठा पाने वाला होता है।

जन्म कुण्डली से भविष्य फल जानना

दूसरे अध्याय में आपको जन्म कुण्डली में तथा ग्रहों-नक्षत्रों आदि की विस्तृत जानकारी देकर जन्म कुण्डली तथा चन्द्र कुण्डली बनाने की विधि भी बता दी गई है।

जन्म कुण्डली एवं चन्द्र कुण्डली बन जाने पर अब काम होता है, फलादेश जानना या भविष्य फल जानना। यह बड़े महत्व की बात है। भविष्य वाणी करने वाले का जितना ज्ञान होगा, स्वाध्याय होगा, अनुभव होगा, वस्तु स्वरूप को समझने के लिए बुद्धि जितनी तीक्ष्ण होगी, उसी अनुपात से उसकी भविष्यवाणी ठीक बैठेगी। सच्ची लगन से अभ्यास किया जाए, तो सफलता अवश्य मिलती है।

आपको भविष्यवाणी कर सकने योग्य बनाने के लिए अब इस अध्याय में सागर को गागर में बंद करने की भांति ज्योतिष शास्त्र के मौलिक सिद्धान्तों एवं नियमों को सरल एवं रोचक ढंग से प्रस्तुत कर रहा हूं, जिससे आप केवल इस एक पुस्तक को पढ़ लेने पर ही भविष्य वाणी कर सकने की योग्यता प्राप्त कर सकें। इस पुस्तक का अध्ययन बार-बार करते रहें, और प्रति दिन कुछ समय निकाल कर दो चार कुण्डलियां बनाकर इस पुस्तक के आधार पर फलादेश जानने का अभ्यास करें।

कुण्डली फल कथन के कुछ मौलिक सिद्धान्त

1. सभी भावों के स्वामी क्रूर ग्रह (रवि, मंगल, शनि) शुभ होते हैं, तथा सौम्य ग्रह अशुभ होते हैं।
2. क्रूर ग्रहों की भाव में स्थिति अशुभ तथा शुभ ग्रहों की भाव में स्थिति शुभ होती है।

3. जिस ग्रह की विंशोत्री महादशा चल रही हो और वह दशाधिपति शुभ हो, तो उससे संबंध रखने वाले सभी ग्रहों की अन्तर्दशा का फल शुभ होगा, तथा उसके सहधर्मी ग्रहों के अन्तर भी शुभ फल देने वाले ही होंगे। किन्तु दशाधिपति यदि पाप ग्रह हो, तो उससे संबंधित सभी ग्रहों के अन्तर का फल प्रायः अशुभ ही होता है।

4. भाग्योदय के समय प्रायः सभी भावों का फल अच्छा ही कहना चाहिए, क्योंकि भाग्योदय के समय सभी शुभ भावों की वृद्धि होती है।

5. अष्टमेश व उससे संबंधित किसी ग्रह की दशा में अशुभ फल होता है। अष्टमेश यदि लग्नेश भी हो, तो थोड़ा शुभ होता है। त्रिकोणेश यदि अष्टमेश भी हो तो अशुभ हो जाता है। त्रिष्टायेश (अर्थात् तृतीयेश अथवा षष्ठेश या आयेश) यदि किसी शुभ ग्रह का संबंधी न हो तो उसकी दशा भी अशुभ होती है।

6. लग्न और लग्नेश के बलवान होने पर सारी कुण्डली सुधर जाती है, और लग्न व लग्नेश के निर्बल होने पर सारी कुण्डली बिगड़ जाती है।

7. कुण्डली में मुख्य छह भाव हैं-चार केन्द्र तथा दो त्रिकोण। इन छह भावों का शुभाशुभ ज्ञात हो जाने पर सब भावों का फल यदि उसके अनुसार कहा जाए तो ठीक बैठता है।

8. जो-जो ग्रह पंचमेश या नवमेश से युत अथवा दृष्ट हों, वह सुख प्रद होते हैं। और जो ग्रह षष्ठेश, अष्टमेश, द्वादशेश से युत व दृष्ट होते हैं, वे शोक प्रद एवं दुखदायी होते हैं।

9. राहु और केतु जिस भाव में स्थित हों या जिस भावेश ग्रह से युत हों, उसी भाव के फल को या उस भावेश ग्रह के शुभाशुभ फल को बढ़ा देते हैं। यह (राहु और केतु) त्रिकोण में रहने से शुभ फल देते हैं, और तृतीय, षष्ठ, अष्टम एवं द्वादश भाव में रहने से अशुभ फल देते हैं। द्वितीय एवं द्वादश में ये मारक होते हैं।

10. अष्टम भाव में शनि दीर्घायु देता है। यदि वह स्वराशि, उच्चराशि या नवांश का हो, तो योगकारक भी होता है। परन्तु, साथ ही उदर पीड़ा, मलावरोध, वातजन्य कष्ट, रक्त संचार में बाधा

आदि कष्ट भी देता है। राज योग कारक ग्रह यदि छठे या आठवें भाव में हो, तो उसका एक कार्य तो राजयोग प्रदान करना है, दूसरा कार्य छठे या आठवें घर के जो फल होने चाहिए, वह देना है। स्थान-स्थिति के परिणाम से मुक्ति नहीं मिल सकती। यही स्थिति राज योग की होगी, पद प्रतिष्ठा मिलेगी किन्तु विरोध, संघर्ष, मत भेद, टक्कर भी राजयोग में चलती रहेगी।

11. सूर्य-चन्द्र के अतिरिक्त सभी ग्रह दो-दो राशियों के स्वामी होते हैं; अत: द्वितीयेश एवं द्वादशेश जिस दूसरी राशि के पति होते हैं, उसी का फल मुख्य रूप से देते हैं।

12. किसी भी ग्रह का अष्टमेश होना अथवा शुभ ग्रह का केन्द्र पति होना दोष माना जाता है। यद्यपि यह कहा जाता है कि सूर्य एवं चन्द्र को अष्टमेश होने का दोष नहीं लगता, फिर भी कुछ दोष तो रहता ही है। केन्द्र पति होने पर सबसे अधिक दोष गुरु को होता है। शुक्र को गुरु से कुछ कम दोष होता है। इसकी अपेक्षा बुध अल्प दोष वाला न्यून पापी होता है। चन्द्रमा केन्द्रेश हो तो बुध से भी अल्प दोष वाला होता है।

13. साधारणत: पाप ग्रह केन्द्रेश होने पर शुभ प्रद होते हैं। किन्तु मंगल केवल केन्द्रेश होने से शुभ फल दाता नहीं हो जाता; जब तक वह त्रिकोणेश भी न हो जाए। कर्क लग्न कुण्डली में मंगल केन्द्रेश होने के साथ त्रिकोणेश भी होता है, अत: बहुत शुभ फल दाता हो जाता है। किन्तु कुम्भ लग्न कुण्डली में मंगल केन्द्रेश (दशमेश) होने से पाप फल तो नहीं करेगा, किन्तु त्रिकोणेश न हो पाने के कारण शुभ फल भी उतना नहीं कर पाएगा, जितना त्रिकोणेश हो जाने से कर पाता।

14. शुभ ग्रह तृतीय, षष्ठ एवं एकादश भाव के स्वामी होने पर अशुभ हो जाते हैं और अशुभ ग्रह इन भावों के स्वामी होने से शुभ होते हैं।

15. भावेश के बलवान होने पर जिस भाव का जो फल होता है, भावेश के निर्बल होने पर उसके विपरीत फल समझें।

16. लग्नेश यदि षष्ठेश भी हो तो उसे षष्ठेश होने का दोष नहीं लगता।

17. लग्न में चन्द्रमा भाग्योदय करता है, किन्तु वृष लग्न में चन्द्रमा उच्च राशि का होते हुए भी विशेष धन योग नहीं देता।

18. जन्म कुण्डली में लग्नेश चाहे शुभ ग्रह हो या पाप ग्रह, यदि वह लग्न में ही है तो शुभ फल ही देगा।

19. यदि कोई ग्रह केन्द्र तथा त्रिकोण दोनों का स्वामी हो तो वह विशेष बलवान होता है और अपनी दशा में विशेष अनुकूल फल देता है।

20. त्रिकोणपतियों की अपेक्षा त्रिष्टायपति अधिक बलवान और त्रिष्टायपति से अधिक बलवान केन्द्र पति होते हैं।

21. कमज़ोर चन्द्र, सूर्य, मंगल, शनि केन्द्रपति होने पर अपनी दशा में अनुकूल फल देते हैं।

22. दशम भाव का स्वामी पाप ग्रह हो और दशम भाव में ही हो तो शुभ फल ही देगा।

23. सप्तमेश पाप ग्रह हो और सप्तम भाव में ही हो तो कई विवाह कराता है। यह स्थिति स्त्री कुण्डली में हो तो उसे पूर्ण पति सुख नहीं मिलता।

24. केन्द्र या त्रिकोण में क्रूर ग्रह दरिद्र बनाते हैं।

25. केन्द्र में शुभ ग्रह अपनी दशा के आरम्भ में ही शुभ फल दे देते हैं।

26. पाप ग्रह केन्द्रेश होने पर भी अनुकूल फल नहीं देगा, किन्तु यदि वह त्रिकोणेश भी हो तो निश्चय ही शुभ फल देगा।

27. धनेश यदि मित्र ग्रह के साथ हो तो मित्र से धन दिलाएगा। यदि शत्रु ग्रह के साथ हो तो शत्रु से धन प्राप्त होगा।

28. व्ययेश यदि नवमेश के साथ हो तो धार्मिक कार्यों में अधिक व्यय होगा।

29. व्ययेश यदि षष्ठेष के साथ होगा तो रोग से छुटकारा पाने के लिए अधिक व्यय कराएगा।

30. लग्नेश अष्टमेश भी हो तो शुभ ही होता है।

31. सूर्य एवं चन्द्र अष्टमेश होने पर भी विपरीत फल नहीं देते।
32. षष्ठेश जिस भाव में भी होगा, उस भाव से संबंधित परेशानियां ही पैदा करेगा, और गोचर में जिस भाव में भी जाएगा, उसे रोगी, कमज़ोर, परेशानीपूर्ण बनाएगा।
33. यदि केन्द्रेश और त्रिकोणेश का आपस में संबंध न हो, तो एक-दूसरे की दशा में अशुभ फल ही प्राप्त होता है।
34. यदि शुक्र दूसरे भाव में हो तो व्यक्ति भोग विलास में विशेष रुचि रखता है।
35. पदोन्नति, लाटरी, पदावनति, बिजली का करेन्ट लगना। दुर्घटना आदि आकस्मिक, आश्चर्यजनक एवं अनपेक्षित घटनाएं प्रायः राहु या केतु की अन्तरदशा में ही सम्भव हैं।
36. शुक्र द्वादश में अच्छा भोग सुख देता है।
37. जितने अधिक ग्रहों की दृष्टि लग्न पर होगी, कुण्डली उतनी ही मज़बूत होगी और ऐसा व्यक्ति जीवन में विशेष उन्नति कर सकेगा।
38. शुभ ग्रह दो केन्द्रों का स्वामी हो, तो उसकी शुभता नष्ट हो जाती है। यदि वह दो केन्द्रों का स्वामी होते हुए किसी एक केन्द्र में ही हो, तो उसकी शुभता आधी नष्ट होती है। किन्तु लग्नेश दो केन्द्रों का स्वामी हो, तो उसकी शुभता अक्षुण्ण बनी रहती है, उसमें कमी नहीं आती।
39. दो केन्द्रों का स्वामी यदि त्रिकोणेश के साथ बैठे तो उसे केन्द्रत्व दोष नहीं लगता और वह शुभ फल देने में समर्थ हो जाता है।
40. केन्द्र का स्वामी यदि त्रिकोण में बैठे तो उसका बल दोगुना हो जाता है। वह जिस भाव का स्वामी हो, उसकी वृद्धि करने में पूर्ण समर्थ होता है।
41. ग्रह केन्द्र में बैठकर त्रिकोण से संबंध करे, तो विशेष योग कारक। त्रिकोण में बैठकर केन्द्र से संबंध करे तो उससे कुछ कम योग कारक।

42. चतुर्थेश पंचम में और पंचमेश चतुर्थ में हो तो श्रेष्ठ योग होता है।

43. नवमेश दशम भाव में और दशमेश नवम भाव में हो, तो श्रेष्ठतम। यदि दोनों ही योग हों तो व्यक्ति अद्वितीय होता है।

44. चतुर्थेश एवं पंचमेश (3-6-8-11-12 भाव छोड़ कर) कहीं भी बैठें तो श्रेष्ठ। नवमेश एवं दशमेश (3-6-8-11-12 भाव को छोड़) कहीं भी बैठें तो श्रेष्ठतम। दोनों ही योग हों तो अद्वितीय।

45. एक त्रिकोण का स्वामी यदि दूसरे त्रिकोण में बैठे तो अपनी शुभता देता है। किन्तु यदि वह लग्नेश भी हो तो आधी शुभता बनी रहती है। चतुर्थ भाव में अकेला शनि यदि उच्च राशि या स्व राशि का न हो तो वृद्धावस्था दीन-दुखी व्यतीत होती है।

46. सप्तम भाव में अकेला शुक्र हो, तो गृहस्थ जीवन दुखी ही रहता है। यदि शुक्र के साथ अन्य ग्रह भी हो, तो पत्नी सुख तो मिलता है, किन्तु गृहस्थ सुख का अभाव ही रहता है। पति-पत्नी में अनबन रहती है। शुक्र यदि स्वराशिस्थ हो तो यह योग आधा समझना चाहिए। अर्थात् सामान्य गृहस्थ सुख।

47. शुक्र बारहवें भाव में हो, तो धनवान एवं प्रसिद्ध बनाता है।

48. लाभेश-धनेश के साथ मिल कर राहु धन भाव में बैठा हो, तो अकस्मात धन प्राप्ति होती है।

49. किसी भी स्वराशिस्थ ग्रह के साथ केतु हो तो वह उस स्वराशिस्थ ग्रह के बल को चौगुना कर देता है।

50. मंगल, बुध, गुरु, शुक्र एवं शनि इनमें से कोई भी ग्रह यदि स्वराशिस्थ हो, तो वह अपनी दूसरी राशि के प्रभाव की वृद्धि करता है।

51. ग्रह चाहे शुभ हो या अशुभ, जिस राशि में भी होगा, उसके स्वामी को प्रभावित करेगा। जैसे-मिथुन लग्न की कुण्डली में मंगल यदि धनु राशि में होगा तो वह धनुपति गुरु को भी अपना आकार देगा और उसके शुभत्व का चौथाई भाग क्षीण कर देगा।

52. किसी भाव से कोई ग्रह दशम स्थान पर हो, तो उस ग्रह का पूरा नियंत्रण उससे दशम में बैठे हुए ग्रह के हाथ में होगा। यह नियंत्रण वैसा ही माना जाता है जैसा दृष्ट ग्रह का होता है। इसे केन्द्रिय प्रभाव कहते हैं।

53. राहु-केतु जिस भाव में बैठते हैं, उस भाव की राशि के स्वामी के समान बन जाते हैं तथा जिस ग्रह के साथ बैठते हैं, उसके गुण भी ग्रहण कर लेते हैं।

54. राहु-केतु अकेले त्रिकोण में बैठें, तो शुभ लग्न में शुभ, दूसरे व बारहवें में सम तथा अष्टम भाव में अति पापी बन जाते हैं।

55. योग कारक ग्रह की दशा में योग कारक ग्रह की अन्तर्दशा पूर्ण शुभ फलदायक, किन्तु योग कारक की दशा में उसकी अपनी अन्तर्दशा तटस्थ हो जाती है।

56. योग कारक की दशा में पापी या मारक ग्रह की अन्तर्दशा प्रारंभ में शुभ फलदायक और उत्तरार्ध में अशुभ फल प्रद होती है।

57. अकारक की दशा में कारक की अन्तर्दशा पूर्वार्ध में अशुभ और उत्तरार्ध में शुभ रहती है।

58. त्रिकोणेश-त्रिकोणेश परस्पर सधर्मी हैं। केन्द्रेश-केन्द्रेश भी परस्पर सधर्मी हैं। त्रिष्टायेश परस्पर सधर्मी हैं। अधर्मी या संबंधी ग्रह की दशा न होने पर महादशानाथ का फल अन्तर्दशानाथ के अनुरूप होता है।

59. केन्द्रेश-त्रिकोणेश का संबंध हो तो एक दूसरे की दशा में शुभ फल देते हैं। किन्तु यदि संबंध न हो, तो एक दूसरे की दशा में अशुभ फल ही प्राप्त होता है।

60. गुरु छठे भाव में शत्रुनाशक, शनि अष्टम भाव में आयु वृद्धि कारक और मंगल दशम भाव में उत्तम भाग्य विधाता होता है।

61. आठवें और बारहवें भाव में स्त्री ग्रह हानि कारक होते हैं।

62. पाप ग्रह किसी भाव का स्वामी होकर तीसरे भाव में बैठे, तो अच्छा होता है; किन्तु शुभ ग्रह किसी भाव का स्वामी होकर तीसरे भाव में बैठे तो फल मध्यम कहना चाहिए।

63. चन्द्रमा कुम्भ राशि में हो तो स्त्री से विरोध रहता है।
64. जो ग्रह दो भावों का स्वामी होता है वह अधिक फल उस भाव का देगा, जो उसकी मूल त्रिकोण राशि होगी।
65. सूर्य, शनि व राहु ये तीनों ग्रह पृथकता कारक हैं। कुण्डली के जिस भाव एवं भावेश पर इनमें से दो या तीनों का प्रभाव पड़ेगा, व्यक्ति को उस भाव से पृथक होना पड़ेगा। जैसे–सप्तम भाव एवं सप्तमेश पर इनका प्रभाव होने से स्त्री से पृथक होना पड़ेगा। यदि दशम भाव एवं दशमेश पर इनका प्रभाव होगा, तो राज्य से हाथ धोना पड़ेगा। चतुर्थ भाव एवं चतुर्थेश पर ऐसा प्रभाव होने से माता से पृथक होना पड़ेगा इत्यादि।
66. राहु सदैव वक्र गति चलता है। जब राहु की दशा में किसी वक्री ग्रह की अन्तर्दशा आए तो मनुष्य की वस्तुएं लौटाई जाती हैं। मकान-जायदाद आदि नष्ट हुए पदार्थों की पुन: प्राप्ति हो जाती है। ऐसा राहु की महादशा में वक्री ग्रह की अन्तर्दशा या वक्री ग्रह की महादशा में राहु की अन्तर्दशा में होता है।
67. राहु के गुण दोष शनि के समान तथा केतु के गुण दोष मंगल के समान हैं।
68. सूरज, मंगल, केतु ये तीनों अग्नि स्वरूप हैं। यदि कुण्डली के किसी भाव एवं भावेश पर इन तीनों का प्रभाव एकत्र सीधा या दृष्टि द्वारा पड़ रहा हो, तो उस भाव से संबंधित स्थान या वस्तु को आग लग जाती है।
69. वक्री ग्रह का बल उच्च होने के समान होता है। अर्थात् वक्री ग्रह बलवान होता है। यदि कोई अन्य ग्रह वक्री ग्रह के साथ हो, तो उसका बल भी कुछ बढ़ जाता है।
70. वक्री ग्रह यदि उच्च राशि में हो, तो उसका फल नीच राशि समान होता है।
71. वक्री ग्रह यदि नीच राशि में हो तो वह उच्च में होने के समान होता है।
72. गुरु यदि तृतीयेश तथा द्वादशेश हो, या अष्टमेश हो, या अष्टम भाव में हो, तो योग कारक होता है।

73. केतु तीसरे भाव में योगकारक होता है।
74. राहु चतुर्थ, सप्तम, नवम, दशम, एकादश में स्थित होने पर धन देता है।
75. सप्तमेश शनि के साथ हो और शुक्र व सूर्य दोनों नीच राशि के हों तथा शुक्र के साथ केतु भी हो, तो गुप्त स्थान में कैंसर होता है।
76. लग्नेश मंगल छठे भाव में सूर्य-शुक्र तथा राहु के साथ हो, तो उसमें बच्चे पैदा करने वाले कीटाणुओं की कमी होती है।
77. सप्तमेश या लग्नेश बुध हो और शनि के प्रभाव में हो तथा शुक्र नीच राशि का हो और चन्द्रमा भी कमज़ोर हो तो वह हीन भावना का शिकार होता है।
78. कन्या लग्न हो, सप्तम भाव में शनि हो, बुध मंगल की राशि में हो तो वह व्यक्ति नपुंसक होता है।
79. यदि लग्नेश बुध, शुक्र, सूर्य और शनि से प्रभावित हो, तो सन्तान होने में सन्देह रहता है।
80. लग्नेश शुक्र हो, मंगल-बुध तथा राहु कहीं भी एकत्र हों और उन पर शनि की दृष्टि हो, तो भी सन्तान बाधा होती है।
81. शुक्र सूर्य के प्रभाव में हो तथा सप्तमेश छठे भाव में हो, तो पत्नी आयु पर्यन्त बीमार रहती है।
82. सप्तम भाव दोनों ओर से सूर्य-मंगल, शनि व राहु से घिरा हुआ हो, सप्तमेश शनि से युक्त हो और पंचमेश पर भी शत्रु की दृष्टि या युति हो, तो सन्तान नहीं होती है।
83. शुक्र की स्थिति खराब हो और मंगल सप्तम या बारहवें भाव में हो, तो पत्नी बीमार रहती है।
84. यदि लग्न में शनि व राहु हों तो व्यक्ति को स्त्री का सुख नहीं होता।

स्त्री कुण्डली फल कथन

(ये सूत्र केवल स्त्री कुण्डली पर ही लागू होते हैं।)

1. लग्न एवं चन्द्र से स्त्री के शरीर का, सप्तम व अष्टम भाव से उसके सौभाग्य (सुहागन बने रहने या सधवापन) का विचार किया जाता है।
2. मेष, कर्क, तुला, मकर लग्न वाली स्त्रियों के पति प्रायः परदेश में गमन करने वाले या अधिक यात्रा करने वाले होते हैं।
3. लग्न एवं चन्द्रमा दोनों सम राशि में हों, तो वह स्त्री-स्वभाव युक्त (लज्जा, नम्रता, कोमलता आदि) गुणों वाली होती है। यदि लग्न एवं चन्द्र पर शुभ ग्रह की दृष्टि भी हो और किसी पाप ग्रह की दृष्टि न हो, तो वह प्रशसंनीया होती है।
4. यदि लग्न एवं चन्द्रमा विषम राशि में हों और उन पर अशुभ ग्रह की दृष्टि हो, तो उसकी आकृति एवं स्वभाव आदि में पुरुष प्रकृति अधिक होगी।
5. सप्तम भाव में बुध एवं शनि दोनों हों, तो उसका पति नपुंसक होता है।
6. सप्तम भाव में शनि एवं सूरज हों, तो उसका पति उसे त्याग देता है।
7. सप्तम भाव में शनि हो और पाप ग्रह की उस पर दृष्टि हो, तो उसका विवाह बड़ी मुश्किल से होता है।
8. सप्तम भाव में शुभ ग्रह तथा पाप ग्रह दोनों हों, तो वह पुनर्विवाह करने वाली होती है।
9. सप्तम भाव में निर्बल पापी ग्रह बैठा हो और उसे कोई शुभ ग्रह देख रहा हो, तो उसका पति उसे त्याग देता है।
10. सप्तम में मंगल हो और उसे पापी ग्रह देखे, तो विधवा योग होता है।
11. सप्तमेश अष्टम भाव में हो तथा अष्टमेश सप्तम भाव में हो और दोनों भावों पर पापी ग्रह की दृष्टि हो तो शीघ्र ही विधवा हो जाए।

12. आठवें भाव में गुरु एवं शुक्र दोनों हों तो प्राय: गर्भवती नहीं होती। कदाचित हो भी जाए तो सन्तान का जीवन कठिन होता है।
13. अष्टम भाव में पाप ग्रह हो तो उसकी दशा में विधवा हो जाती है।
14. मंगल अष्टम भाव में हो तो कुटिल स्वभाव हो। शनि अष्टम भाव में हो, तो पति को अरिष्टकारक हो।
15. बुध एवं शुक्र लग्न में हो तो रूपवती, गुणवान और पति प्रिया होती है।
16. लग्न एवं चन्द्र दोनों सम राशि में हों और सौम्य ग्रहों से दृष्ट हों तो वह स्त्री अच्छे पुत्र एवं पति वाली, सुशीला और आभूषणयुक्त होती है।
17. लग्न एवं चन्दमा दोनों विषम राशि में हों तथा अशुभ ग्रह से युत हों, तो वह स्त्री कुटिल बुद्धि की, पति से उग्र व्यवहार करने वाली, मरदाना तथा काबू में न रहने वाली होती है।
18. सप्तम भाव में सत (उत्तम-शुभ-शुभयुत-शुभ दृष्ट) राशि और सत नवांश हो तो उसे सौंदर्य, विद्या, धन, यश युक्त पति मिलता है।
19. यदि सप्तम में अशुभ राशि, अशुभ नवांश हो तो उसे मूर्ख, कुत्सित शरीर वाला, चालाक, निर्धन पति मिलेगा।
20. सप्तम भाव मंगल या शनि की राशि अथवा नवांश में हो और उस पर पाप ग्रह की दृष्टि भी हो तो उसके गुप्तांग में रोग होता है।
21. चतुर्थ भाव में पाप ग्रह हो तो कुलटा होगी।
22. लग्न, चतुर्थ भाव एवं चन्द्र का शुभ ग्रहों से संबंध हो, तो सच्चरित्र व अनेक गुणों से युक्त होती है।
23. यदि त्रिकोणों में शुभ ग्रह हों तो सुखी, पुत्रवती, गुणवती एवं सम्पत्ति शालिनी हो।
24. यदि त्रिकोणों में निर्बल क्रूर ग्रह हों, तो बांझ हो या संतति की अल्पायु हो।

25. लग्नेश-सप्तमेश-नवमेश और जिस राशि में चन्द्र स्थित हो, उसका स्वामी शुभ ग्रहों के उत्तम स्थानों में स्थित हों और अस्त न हों, तो भाग्य शालिनी, बन्धुओं से पूज्य, सच्चरित्रा, पति प्रिय, सुपुत्रवती होती है।

26. अष्टम भाव पर जितने अधिक ग्रहों की शुभ दृष्टि होगी, उतने ही अधिक समय तक वह सुमंगली (सुहागिन) रहेगी।

27. आर्द्रा, आश्लेखा, शतभिषा, ज्येष्ठा, मूला, कृतिका, पुष्य इनमें से किसी नक्षत्र में जन्म होने से बंध्या, विधवा, मृत सुता, परित्यक्ता, निर्धना आदि किसी दोष की संभावना हो सकती है।

28. सप्तमस्थ सूर्य पति द्वारा उपेक्षित जीवन या पति-पत्नी संबंधों में विच्छेद का सूचक है।

29. अष्टम भाव में सूर्य पति की असामयिक मृत्यु का सूचक है।

30. पंचम में मंगल गर्भपात, निर्बल स्वास्थ्य, शील हीनता या निर्लज्जता का सूचक है।

31. लग्न या चन्द्र से सप्तम स्थान खाली हो-वहां कोई भी ग्रह न हो और स्थान निर्बल हो तो उसका पति भीरु होता है।

32. लग्न से सप्तम में बुध या शनि हो - (उच्च, स्वग्रही, बलवान, शुभ दृष्ट न हो) तो पति भीरु होता है।

33. यदि लग्न तथा चन्द्रमा पाप ग्रहों के मध्य में हों, तो श्वसुर कुल का नाश करने वाली हो।

34. मंगल शुक्र की राशि व नवांश में हो और शुक्र मंगल की राशि व नवांश में हो तो चारित्रहीन हो।

35. मेष, वृश्चिक, मकर, कुम्भ लग्न हो, लग्न में चन्द्र व शुक्र हों तथा लग्न पर पाप ग्रह की दृष्टि भी हो तो चारित्रहीन हो।

36. लग्न में चन्द्र और शुक्र हों तो सुखी किन्तु ईर्ष्यालु हो।

37. लग्न में चन्द्र और बुध हों तो कला निपुण, सुखी व गुणवती हो।

38. लग्न में बुध और शुक्र हों तो सुन्दर एवं पतिप्रिया हो।

39. लग्न में बुध, शुक्र, चन्द्र तीनों हों तो बहुत धन तथा अनेक गुणों से युक्त हो।

40. लग्न सम राशि में हो और बली मंगल, बुध, गुरु व शुक्र लग्न में हों, तो दक्षा होती है।
41. लग्न विषम राशि में हो, चन्द्र, बुध व शुक्र हीन बली हों, शनि मध्यम बली हो, तो वह मरदाना औरत हो। उसकी वाणी व कार्य पुरुष जैसे हों।
42. सप्तमेश पाप ग्रह हो और सप्तम भाव में ही हो, तो उसे पूर्ण पति सुख प्राप्त नहीं होता।
43. शुक्र लग्न में बैठकर चारित्रहीन बनाता है। यदि शुभ ग्रह की लग्न पर युति-दृष्टि न हो।
44. जिस कन्या के सप्तम भाव में शनि तथा लग्न या चतुर्थ भाव में मंगल आठ अंश तक हो, वह कन्या प्राय: कुमारी ही रहती है।
45. जिस स्त्री के लग्न, चन्द्र, मंगल, बुध, गुरु तथा शुक्र यह सब सम राशियों में हों, वह स्त्री विख्यात, सती-साध्वी, विदुषी एवं सर्वगुण सम्पन्न होती है।
46. शनि सप्तम भाव में पाप ग्रहों से दृष्ट होकर बैठा हो, तो वह स्त्री जीवन भर कुंवारी ही रहती है। यदि सप्तमेश भी पापाक्रान्त हो, तो यह योग और भी प्रबल हो जाता है।
47. यदि सप्तमेश शनि के साथ हो, तो विवाह विलम्ब से होता है।
48. सप्तमेश पर शनि की दृष्टि हो, तो भी विवाह विलम्ब से होता है।
49. लग्न या चन्द्र से सप्तम या अष्टम में पाप ग्रह हो तथा सप्तमेश निर्बल हो तो वैधव्य योग होता है।
50. राहु मेष या वृश्चिक राशि में पाप ग्रहों से युत या दृष्ट होकर अष्टम या द्वादश भाव में बैठा हो, तो भी वैधव्य देता है।
51. चन्द्रमा से सप्तम या अष्टम या द्वादश में शनि व मंगल दोनों पापाक्रांत होकर बैठें, तो शीघ्र वैधव्य देते हैं।
52. लग्न और सप्तम भाव दोनों ही पाप प्रभाव में हों अर्थात् पाप ग्रह से युत या दृष्ट हों तथा लग्नेश और सप्तमेश दोनों निर्बल हों, तो भी वैधव्य मिलता है।

53. सप्तम में सूर्य पापाक्रान्त होकर बैठा हो, तो वह पति द्वारा त्याग दी जाती है। शुभ ग्रह और पाप ग्रह दोनों की दृष्टि हो, तो पति-पत्नी में अनबन रहती है।

54. सप्तमेश तथा सप्तम भाव दोनों चर राशि में हों तो उसका पति प्राय: प्रवास पर ही रहता है। सप्तमेश एवं सप्तम भाव दोनों स्थिर राशि में होने से पति प्राय: घर पर ही रहता है।

55. शुक्र और मंगल में राशि परिवर्तन हो, तो वह कुलटा होती है।

56. शुक्र एवं शनि परस्पर एक-दूसरे के नवांश में बैठकर एक-दूसरे से दृष्ट हों, तो वह कामाग्नि से संतप्त रहती है।

57. लग्न कर्क हो, चन्द्रमा लग्न में हो, तथा बुध, शुक्र, गुरु बली हों, तो वह श्रेष्ठ चारित्र वाली, विख्यात, तेजस्विनी, विदुषा होती है।

58. नवमेश तथा गुरु छठे, आठवें, बारहवें भाव में हों, तो उसे अधिक समय तक पति सुख नहीं मिलता।

59. लग्न से केन्द्र स्थानों में नवमेश एवं गुरु बली हों, तो पति दीर्घायु हो।

60. लग्नेश शुभ हो, नवनमेश गुरु से युक्त चतुर्थ भाव में हो, तो पति विद्वान मिलता है।

61. नवमेश व गुरु यदि शनि व मंगल के साथ हों, तो पति दुष्ट होता है।

लग्नेशों की विभिन्न भावों में स्थिति का फल

प्रथम भाव में — लग्नेश प्रथम भाव अर्थात् लग्न में ही होने पर जातक स्वस्थ, शक्तिशाली, परिश्रमी, स्वतंत्र विचारों का और अपनी शक्ति से जीवित रहने वाला होता है। लग्नेश बलवान हो, तो समाज में प्रतिष्ठित होता है।

दूसरे भाव में – लग्नेश दूसरे भाव में होने से जातक धनवान, सम्मानित, दीर्घायु, अच्छे कर्म करने वाला, दिलेर किन्तु शत्रुओं से चिंतित रहता है।

तीसरे भाव में – तीव्र बुद्धि, अच्छे भाई-बहिन, अच्छे मित्र, साहसी, धार्मिक प्रवृत्ति, समाज में सम्मानित होता है।

चतुर्थ भाव – दीर्घायु, परिश्रमी, माता-पिता का आज्ञाकारी। सरकार द्वारा सम्मानित, पैतृक सम्पत्ति का सुख प्राप्त करने वाला।

पंचम भाव – विनीत, विद्वान, सन्तान सुख, दीर्घायु, धनवान, सम्मानित, प्रसिद्ध, निष्ठावान होता है।

षष्ठ भाव – शक्तिशाली, निर्बल स्वास्थ्य, शत्रुओं के कारण दुखी और कंजूस होता है।

सप्तम भाव में – शिष्ट, सुशील, भाग्यवान, स्त्री पतिव्रता।

अष्टम भाव में – निर्बल स्वास्थ्य, अल्पायु, कंजूस, गुप्तांग रोगी।

नवम भाव में – साहसी, स्वाभिमानी, शिष्ट, प्रसिद्ध, सच्चरित्र, धार्मिक प्रवृत्ति का होता है।

दशम भाव में – विद्वान, सच्चारित्र, धनवान, दीर्घायु, सम्मानित, सरकार से धन लाभ। माता-पिता का आज्ञाकारी।

ग्यारहवें भाव में – सुखी, स्वस्थ, शक्तिशाली, प्रसिद्ध, सम्मानित, परिश्रमी, व्यवसाय में प्रचुर लाभ।

बारहवें भाव में – क्रूर, रोगी, जीवन का आरम्भ कण्टक पूर्ण, जन्म स्थान से दूर जाने वाला।

टिप्पणी : जिस भाव का अशुभ फल दिया गया है, यदि वह लग्नेश की ही राशि हो, तो अधिक अशुभ नहीं होगा। जैसे-कुम्भ लग्न में लग्नेश शनि बारहवें भाव में होगा तो वह मकर भी उसकी अपनी ही राशि है। हां, मामूली फल मिल पाएगा। जैसे शरीर दुबला-पतला रहेगा। व्यक्तित्व अधिक नहीं उभर पाएगा, इत्यादि।

लग्नेशों का नीच राशि में होने का फल

मेष लग्न – लग्नेश मंगल चतुर्थ भाव में कर्क राशि का होने पर जीवन भर समय-समय पर चोटें लगती रहती हैं। कई बार ऑपरेशन भी होता है। छाती में दर्द उठता है, और ब्लड प्रेशर हो जाता है। मुकदमों में उलझ जाता है तथा पानी से दुर्घटना का भय रहता है। माता से विरोध रहता है ज़मीन जायदाद का सुख नहीं होता।

वृष लग्न – लग्नेश शुक्र पंचम भाव में कन्या राशि का होने पर दिमाग़ व विचार गलत कार्यों की ओर दौड़ते हैं। संगति तुच्छ व गलत लोगों के साथ या नीच जाति की स्त्रियों से होती है। प्रायः आचारहीन एवं गुप्तेन्द्रिय रोग से पीड़ित रहते हैं। इनका विकास किसी अच्छी सोसाइटी में नहीं हो पाता।

मिथुन लग्न – लग्नेश बुध नीच राशि का दशम में होने पर पिता से परेशानी रहती है। राज्य संबंधी कार्यों में भी बहुत परेशानी उठानी पड़ती है। साझेंदारी के व्यापार में भी उलझनें व हानि रहती है। सदैव घबराहट रहती है।

कर्क लग्न – लग्नेश चन्द्र पंचम भाव में नीच राशि का होने पर दिमाग व मन सदैव परेशान रहता है। बुद्धि कुण्ठित हो जाती है। मन चलायमान रहता है। दिल कमज़ोर रहता है। कभी-कभी सोच शक्ति भी मन्द पड़ जाती है। ब्लड प्रेशर, गैस एवं पेट संबंधी विकार की सम्भावना रहती है। सन्तान नीच विचारों की होती है।

सिंह लग्न – लग्नेश सूरज तीसरे भाव में नीच राशि तुला का होने पर पराक्रम अच्छे कामों में न जाग कर अनुचित कामों में जागता है। व्यर्थ के झगड़े रहते हैं। हृदय एवं हड्डी संबंधी रोग की सम्भावना रहती है। आत्मा कलुषित होती है। अन्य ग्रह अच्छे हों तो भाग्यशाली होते हैं।

कन्या लग्न – लग्नेश बुध नीच राशि मीन का सप्तम भाव में होने पर निजी व्यापार में परेशानी व हानि। जीवन साथी से परेशानी। वैवाहिक सुख में कमी। मन में सदैव घबराहट-सी रहती है। गैस, दमा आदि की सम्भावना रहती है। स्वास्थ्य निर्बल रहता है।

तुला लग्न – लग्नेश शुक्र अपनी नीच राशि कन्या का व्यय भाव में होने से बहुत सारा धन गलत कार्यों में खर्च कर डालते हैं। नशीली व बहुमूल्य वस्तुओं की तस्करी आदि का धंधा और विदेशों से सांठ-गांठ ऐसे ही लोगों का काम होता है। फलस्वरूप इन्हें जेल की हवा भी खानी पड़ सकती है।

वृश्चिक लग्न – लग्नेश मंगल नीच राशि कर्क का होकर नवम भाव में हो, तो व्यक्ति भाग्यशाली तो होता है, किन्तु धर्मविहीन, क्रूर, कठोर हृदय एवं विद्रोही स्वभाव का होता है। पराक्रम अच्छा रहता है। ब्लड प्रेशर ऊंचा रहता है। चोटें लगती रहती हैं और ऑप्रेशन की सम्भावना भी रहती है।

धनु लग्न – लग्नेश बृहस्पति नीच राशि मकर का दूसरे भाव में होने से वाणी में कटुता रहती है। कुटुम्ब से नहीं बनती। कुटुम्ब का सुख नहीं होता। नीच साधनों से धन मिलता है। मुख एवं नेत्र संबंधी कष्ट रहता है। जिगर की खराबी एवं पीलिया रोग की सम्भावना हो सकती है।

मकर लग्न – लग्नेश शनि नीच राशि मेष में चतुर्थ भाव में होने पर स्वभाव नीच एवं अति कठोर होता है। व्यक्ति स्वार्थी होता है। माता से बिल्कुल नहीं बनती। जमीन जायदाद के झगड़ों से परेशानी रहती है। घुटनों, रीढ़ की हड्डी व कमर में दर्द रहता है। छाती में दर्द व मूत्रेन्द्रिय संबंधी रोग भी सम्भव होते हैं।

कुम्भ लग्न - लग्नेश शनि तीसरे भाव में नीच राशि मेष में होने से छोटे भाई बहन का सुख नहीं होता। स्वभाव में कटुता, जोड़ों में दर्द, सिर में चोट लगने का भय रहता है। बाजू टूटने का डर, कान एवं गले की बीमारी भी सम्भव होती है।

मीन लग्न - लग्नेश बृहस्पति नीच राशि मकर का ग्यारहवें भाव में होने पर वाणी में कटुता एवं घमण्ड होता है। बड़े भाई बहन का सुख नहीं होता, किन्तु छोटे बाई बहन का सुख होता है। बुद्धि तीक्ष्ण होती है। उच्च शिक्षा प्राप्त होती है, किन्तु बुद्धि का सदुपयोग नहीं कर पाता। पत्नी पतिव्रता होती है। सन्तान एवं पत्नी का पूर्ण सुख प्राप्त होता है। चोट का भय, पीलिया व जिगर की खराबी होना सम्भव होता है।

महादशा व अन्तर्दशा

प्रत्येक ग्रह अपने गुणों के अनुसार अपनी महादशा और अन्तर्दशा में विशेष शुभ या अशुभ फल दंता है। किसी भी कुण्डली से भविष्य फल जानने के लिए यह देखना भी आवश्यक होता है; अत: यहां महादशा और अन्तर्दशा का फल भी आपको जानकारी देने के लिए लिख रहे हैं।

सर्वप्रथम आपको बता दें कि यह महादशा और अन्तर्दशा है क्या?

जिस प्रकार देश में एक केन्द्रीय सरकार चल रही है और प्रान्तों में प्रान्तीय सरकारें चल रही हैं और एक प्रान्त में रहने वाले व्यक्ति पर प्रान्तीय सरकार की आज्ञाएं मानना तथा आयकर आदि कई विषयों पर केंद्रीय सरकार की आज्ञा मानना आवश्यक होता है। दूसरे शब्दों में, हर व्यक्ति पर दोनों सरकारों का अधिकार एवं प्रभाव होता है; ठीक इसी प्रकार ही ग्रहों की हुकूमत की बात है।

एक व्यक्ति पर सभी ग्रह बारी-बारी से अपनी हुकूमत चलाते हैं। ग्रहों की हुकूमत का कार्यकाल निश्चित होता है। अब हर ग्रह के शासन

काल में बाकी आठ ग्रह भी बारी-बारी अपना शासन चलाते हैं। जैसे शुक्र ग्रह का शासन शुरू हुआ। अब उसका कार्यकाल 20 वर्ष निश्चित है। अब इस बीस वर्ष की अवधि को हम शुक्र की महा दशा कहेंगे। इन 20 वर्षों के शासन काल में शुक्र के अतिरिक्त अन्य आठ ग्रह भी अपना-अपना भाग लेंगे।

शुक्र की महादशा में सभी ग्रहों के शासन को अन्तर्दशा कहेंगे। जैसे शुक्र की महादशा में सूर्य की अन्तर्दशा या शुक्र की महादशा में चन्द्रमा की अन्तर्दशा। या फिर यदि मंगल की महादशा चल रही हो और उसके अन्दर बुध का शासन चल रहा हो, तो कहा जाएगा कि मंगल की महादशा में बुध की अन्तर्दशा चल रही है। इसे यूं भी कह सकते हैं कि मंगल के अन्दर बुध का अन्तर चल रहा है।

यह दशाएं कई प्रकार की हैं। आजकल मुख्यत: दो प्रकार की ही अधिक प्रचलित हैं। पहली अष्टोत्री महादशा (108 वर्ष का पूरा चक्र)। यह गुजरात आदि कई प्रान्तों में प्रचलित है। दूसरी होती है विंशोत्री महादशा (120 वर्ष का पूरा चक्र) यह सारे उत्तरी भारत के अतिरिक्त अन्य भी कई प्रान्तों में प्रचलित है। पूरे भारत में सर्वाधिक यही दशा प्रचलित है। इसके अतिरिक्त योगिनी महादशा (पूरा चक्र-36 वर्ष) भी बड़ी जन्म पत्रिकाओं में लिखने में आती है। किन्तु भविष्य फल बहुधा विंशोत्री महादशा से ही देखने की प्रथा है। अत: हम यहां विंशोत्री महादशा जानने की जानकारी दे रहे हैं। यह महादशा जातक के जन्म-नक्षत्र के अनुसार चालू होती है। जन्म के समय नक्षत्र का जितना समय निकल चुका हो, उसी अनुपात से उस प्रथम महादशा काल में कमी हो जाएगी। जैसे किसी के जन्म के समय पुष्य नक्षत्र था। पुष्य नक्षत्र का कुल मान 60 घटि था, किन्तु जन्म के समय पुष्य नक्षत्र 45 घटि बीत चुका और केवल 15 घटि शेष रह गया था; अर्थात् कुल मान का केवल 1/4 भाग शेष रह गया था। अब पुष्य नक्षत्र में जन्म से विंशोत्री महादशा शनि की आरम्भ हुई। शनि दशा की पूरी अवधि है 19 वर्ष। अब उसका केवल 1/4 भाग शेष रहा है; अर्थात् 19 वर्ष का 1/4 भाग, यानि $4^{3}/_{4}$ वर्ष हुए। शनि की महादशा की अवधि केवल चार वर्ष नौ मास शेष रहेगी।

सभी दशाएं क्रमानुसार चलती हैं। कौन-सी दशा कब आरम्भ होगी और उसके शासन की अवधि कितनी है- यह चक्र से देखिए:

विंशोत्तरी दशा चक्र

निम्न जन्म नक्षत्र में	निम्न ग्रह की दशा आरम्भ होगी	दशा की अवधि
कृतिका, उ.फा., उ.षा.	सूर्य	6 वर्ष
रोहिणी, हस्त, श्रवण	चन्द्र	10 वर्ष
मृगशिरा, चित्रा, धनिष्ठा	मंगल	7 वर्ष
आर्द्रा, स्वाति, शतभिषा	राहु	18 वर्ष
पुनर्वसु, विशाखा, पू.भा.	गुरु	16 वर्ष
पुष्य, अनुराधा, उ.भा.	शनि	19 वर्ष
आश्लेखा, ज्येष्ठा, रेवती	बुध	17 वर्ष
मघा, मूला, अश्विनी	केतु	7 वर्ष
पू.फा., पूषा, भरणी	शुक्र	20 वर्ष

दशाओं में ग्रहों का फल कुण्डली में ग्रहों की स्थिति पर निर्भर करता है। यदि ग्रह अच्छे भाव में शुभ युत दृष्ट हो तो फल शुभ ही मिलेगा। ग्रह अशुभ भाव में, अशुभ युत दृष्ट होगा, तो फल भी अशुभ ही मिलेगा। यदि ग्रह की स्थिति मिली जुली होगी, तो फल भी मिला-जुला होगा।

सूर्य यदि कुण्डली में शुभ भाव का स्वामी हो, शुभ भाव में हो (तीसरे, आठवें, बारहवें भाव में न हो), तो उसकी महादशा या अन्तर्दसा में स्वास्थ्य अच्छा होगा, पिता को सुख प्राप्त होगा, सन्तान का जन्म, उच्च पद की प्राप्ति, गुरुजनों और सरकार की कृपा, प्रसिद्धि, यश प्राप्ति आदि शुभ फल प्राप्त होंगे।

सूर्य अशुभ स्थिति में होने पर, स्वास्थ्य हानि, पित्त विकार, हृदय रोग, धन व्यय, अपयश, पिता के स्वास्थ्य की हानि, परिवार में कलह, क्लेश जैसे अशुभ फल प्राप्त होंगे।

चन्द्र यदि कुण्डली में बलवान एवं शुभ स्थिति में हो, तो उसकी महादशा या अन्तर्दशा में मन प्रसन्न रहेगा। शान्ति प्राप्त होगी। व्यवसाय में सफलता, विवाह आदि मंगल कार्य होना, सन्तान का जन्म होना, सरकार से भूमि-भवन-धन प्राप्त होना आदि शुभ फलों की प्राप्ति होती है। चन्द्रमा की स्थिति अशुभ होने पर चिन्ता, मन अशान्त होना, माता को संकट होना, पैतृक सम्पत्ति की हानि, स्त्रियों द्वारा धन हानि, दस्त लगना, पीलिया, खून की कमी, निद्रा रोग आदि अशुभ फल प्राप्त होते हैं।

मंगल यदि कुण्डली में अच्छी स्थिति में हो, तो उसकी महादशा या अन्तर्दशा में-

उच्चराशि, मूल त्रिकोण या स्वराशि में होने पर इज्जत, प्रसिद्धि, साहस वृद्धि, स्त्री व सन्तान सुख, धन लाभ।

वृष राशि का हो तो दूसरों का भला करे, दूसरों से धन लाभ।

मिथुन राशि में हो तो विदेश वास। वात पित्त रोग, कान की तकलीफ।

कर्क राशि में होने से क्लेश, स्त्री एवं सन्तान से दूरी बढ़े।

सिंह में हो तो सरकार से लाभ, शस्त्र एवं आग से कष्ट, व्ययाधिक्य।

कन्या में होने से धन, पुत्र, धरती, धान्य वृद्धि

तुला में हो तो धन हानि, स्त्री से क्लेश। झंझट।

वृश्चिक में हो तो धन-धान्य से सम्पन्न। शस्त्र एवं अग्नि भय।

धनु राशि का हो तो राज्य में इज्जत, कार्यों मे विजय प्राप्त हो।

मकर में हो तो अधिकार प्राप्ति, काम सिद्ध हो तथा धन वृद्धि।

कुम्भ में हो तो व्ययाधिक्य, व्यर्थ खर्च, चिन्ता रोग।

मीन में होने से चिंता, छूत रोग, खुजली, दर्द आदि।

बुध की महादशा या अन्तर्दशा में यदि बुध उच्च राशि, स्व राशि या मूल त्रिकोण में हो, तो विद्या विज्ञान, कला एवं कृषि में उन्नति, धन लाभ तथा जीवन-साथी का सुख प्राप्त होता है। बुध मेष राशि का हो तो धन हानि, वृष राशि का हो, तो धन एवं प्रसिद्धि मिलती है, किन्तु स्त्री व सन्तान की चिन्ता रहती है।

मिथुन राशि का हो तो माता को सुख, लाभ कम व मामूली कष्ट होते हैं। कर्क राशि का हो तो धन प्राप्ति, काव्य में रुचि, विदेश यात्रा का योग होता है। सिंह राशि का हो तो ज्ञान व यश की प्राप्ति; किन्तु धन हानि का भय। कन्या राशि का हो तो आत्म बल एवं योग्यता में वृद्धि, धन ऐश्वर्य की प्राप्ति, ग्रन्थों की रचना में रुचि।

वृश्चिक राशि का होने पर व्ययाधिक्य एवं चारित्र हीनता। धनु का होने पर नेतागीरी करे, मन्त्री बनने की इच्छा मन में हो। मकर का होने पर नीच लोगों से मित्रता और लाभ में कमी हो। कुम्भ राशि का होने पर धन हीनता, कमज़ोरी, रोग, संबंधियों को कष्ट। मीन राशि का होने पर कई प्रकार के झंझट पेश आते हैं।

गुरु की महादशा एवं अन्तर्दशा में गुरु शुभ होने पर ज्ञान-ध्यान, धन, वाहन का लाभ होता है। मेष राशि का होने पर विद्या एवं अधिकार की प्राप्ति, स्त्री-पुत्र-धन की प्राप्ति और मान प्रतिष्ठा में वृद्धि होती है।

वृष राशि में होने पर विदेश वास, धन हानि का भय। मिथुन में होने से विरोध, क्लेश, धन हानि।

कर्क का होने पर राज्य से लाभ, आराम व सुविधा के साधनों की प्राप्ति, मान-प्रतिष्ठा-ऐश्वर्य वृद्रि, उच्च पद प्राप्ति आदि शुभ फल मिलते हैं।

सिंह राशि का होने पर राज्य से सम्मान। धन-धान्य समृद्धि। स्त्री-पुत्र-संबंधी लाभ और चित्त को प्रसन्नता रहे।

कन्या राशि में होने से धन लाभ, राज सत्ता में योग दान। यात्रा, झगड़ा। तुला राशि में होने पर बुद्धि की तीव्रता में कमी, अपमान, विरोध जैसे फल मिलते हैं।

वृश्चिक में होने से स्वास्थ्य लाभ, धन लाभ, पुत्र लाभ आदि फल प्राप्त हों।

धनु लग्न में होने से उच्च पद प्राप्ति, किंतु धन लाभ में कमी।

मकर में होने पर आर्थिक कष्ट, गुप्तरोग।

मीन में होने से विद्या, धन, स्त्री, पुत्र का सुख एवं प्रसन्नता प्राप्त हो।

शुक्र की महादशा एवं अंतर्दशा होने पर रत्नाभूषण एवं वस्त्रों की प्राप्ति, मान-सम्मान संगीत लाभ और नये काम चालू हों।

मेष राशि का होने पर मन में चंचलता, विदेश यात्रा, घबराहट, क्रोध, ईर्ष्या आदि फल मिलते हैं।

वृष राशि का होने पर विद्या एवं धन की प्राप्ति, कन्या का सुख। मिथुन का होने पर संगीत-काव्य में रुचि, प्रसन्नता, धन लाभ आदि।

कन्या का होने पर स्त्री-पुत्र से विरोध, विदेश यात्रा, आर्थिक संकट। तुला का होने पर प्रसिद्धि मिले। विदेश यात्रा।

वृश्चिक का होने पर प्रतापवान, क्लेश, चिन्ता, धन हानि।

धनु राशि का होने पर संगीत-काव्य में रुचि, राज्य से सम्मान, योग्यता बढ़े।

मकर का होने पर चिन्ता, कष्ट, वात-कफ रोग।

कुम्भ का शुक्र होने पर धन हानि, रोग, कष्ट।

मीन का शुक्र हो तो राज्य से धन लाभ, व्यापार से लाभ, धंधे में उन्नति, नेतागीरी आदि फल प्राप्त होना सम्भव होता है।

शनि की महादशा या अन्तर्दशा में

शनि के कुण्डली में बलवान होने पर धन, मान, प्रताप, इज्जत, प्रसिद्धि आदि फल प्राप्त होते हैं। शनि के कुण्डली में निर्बल या अशुभ होने पर चिन्ता, कष्ट, रोग, संबंधियों से जुदाई, झगड़ा, क्लेश आदि फल प्राप्त होते हैं।

मकर कुम्भ व तुला राशि का होने पर धन-धान्य में वृद्धि; विजय प्राप्ति ऐश्वर्य वृद्धि और प्रसन्नता प्राप्त हो।

धनु और मीन राशि का होने पर राज्य से सम्मान तथा जनता में प्रसिद्धि प्राप्त हो।

मेष राशि का होने पर त्वचा रोग, संबंधियों से जुदाई। वृष राशि में होने से राज्य से सम्मान, वायु पीड़ा। झगड़ा-क्लेश।

मिथुन राशि में होने पर कष्ट, चिन्ता, ऋण चढ़ना।

कर्क राशि में होने से आंख-कान के रोग, धन की कमी, रिश्तेदारों से पृथकता।

सिंह राशि में होने से आर्थिक संकट, रोग, क्लेश आदि फल मिलते हैं।

कन्या राशि में होने से मकान-ज़मीन का लाभ। सुख प्राप्ति हो।

वृश्चिक राशि में होने पर आर्थिक संकट, यात्रा, नीचता की ओर झुकाव इत्यादि फलों की प्राप्ति होती है।

राहु यदि जन्मकुण्डली में शुभ स्थिति में हो; कर्क वृष, कन्या, धनु राशि में हो; तीसरे, छठे ग्यारहवें भाव में हो; शुभ ग्रह से युत-दृष्ट हो, तो उसकी महादशा व अन्तर्दशा में राज्य शासन से उच्च पद, पुत्र लाभ, धन लाभ, कल्याण, उत्साह में वृद्धि, आकस्मिक प्रसन्नता एवं लाभ होना, इत्यादि शुभ फल प्राप्त होते हैं।

यदि कुण्डली में राहु की स्थिति अशुभ हो तो उसकी महादशा या अन्तर्दशा में आर्थिक हानि, कलह, क्लेश, स्वजन वियोग, कष्ट रोग, अकस्मात पदच्युति तथा दुर्घटना आदि अशुभ फलों की प्राप्ति होती है।

केतु यदि कुण्डली में शुभ स्थिति में हो; केन्द्र, त्रिकोण या लाभ भाव में हो, शुभ ग्रह से शुभ युत-दृष्ट हो, तो उसकी महादशा या अन्तर्दशा में भूमि, धन, धान्य आदि का लाभ, स्त्री पुत्र से सुख मिलता है तथा कई प्रकार के लाभ के अवसर प्राप्त होते हैं।

यदि केतु अशुभ स्थिति में हो; छठे-आठवें-बारहवें भाव में हो; तो रोग, अपमान, धन धान्य की हानि, स्त्री-पुत्र की पीड़ा, अवनति, झगड़ा, कलह, क्लेश, अचानक किसी भंयकर रोग से ग्रसित होना, स्वजनों से वियोग एवं आकस्मिक दुखद घटनाओं का होना, इत्यादि अशुभ फलों की प्राप्ति होती है।

विशेष: जिस ग्रह की महादशा चल रही हो, उसकी अपेक्षा जिस ग्रह की अन्तर्दशा चल रही हो, उसका विशेष फल होता है। यदि महादशानाथ (जिसकी महादशा चल रही हो) और अन्तर्दशानाथ दोनों आपस में मित्र हों और शुभ ग्रह हों, तो फल विशेष शुभ होता है।

यदि महादशानाथ और अन्तर्दशानाथ आपस में शत्रु हों तो फल अशुभ ही मिलता है। अत: ग्रहों की शुभता-अशुभता, उन पर पड़ने वाली शुभ अशुभ दृष्टियों का विचार करके ही किसी निर्णय पर पहुंचना चाहिए।

भविष्य फल जानने की विधि

अब जन्म कुण्डली से फलादेश अर्थात् भविष्य फल जानने की विधि बताई जाती है।

जिस जन्म कुण्डली का फलादेश जानना हो, उसे अपने सामने रखें और एक कापी या 10-20 कागज़ लेकर, इस पुस्तक को पास में रख कर, नीचे लिखे प्रश्नों का उत्तर लिखना आरम्भ करें। यदि किसी प्रश्न का उत्तर समझ में न आए या आप अटक जाएं; तो इस पुस्तक को फिर से पढ़ना शुरू कर दें। निम्नलिखित प्रश्नों में ऐसा कोई प्रश्न नहीं है, जिसका उत्तर पुस्तक में नहीं लिखा गया, अत: आप ध्यानपूर्वक पढ़ेंगे, तो हर प्रश्न का उत्तर आपको मिल जाएगा।

1. कौन-कौन सा ग्रह उच्च राशि का है? कौन-कौन सा ग्रह स्वराशि का है और कौन-कौन सा नीच राशि का?
2. लग्न का स्वामी शुभ है या अशुभ? वह किस भाव में बैठा है?
3. लग्न एवं लग्नेश पर किसी शुभ ग्रह की एवं अशुभ ग्रह की दृष्टि है?
4. लग्नेश जिस भाव में बैठा हो, उस भाव में बैठने का फल?
5. लग्नेश यदि नीच राशि में है, तो उसका फल?
6. क्या लग्न पाप ग्रहों से घिरा हुआ है? अर्थात् दूसरे तथा बारहवें दोनों भावों में कोई पाप ग्रह है?
7. क्या लग्नेश पाप ग्रहों से घिरा हुआ है? अर्थात् जहां लग्नेश बैठा है, उसके दूसरे व बारहवें पाप ग्रह है?

8. क्या चन्द्रमा पाप ग्रहों से घिरा हुआ है? अर्थात् चन्द्रमा के दोनों ओर (उससे दूसरे व बारहवें भाव में) पाप ग्रह हैं?
9. जन्म लग्न फल लिखिए।
10. जन्म राशि फल लिखिए।
11. जन्म नक्षत्र का फल लिखिए।
12. सभी नौ ग्रह जिस-जिस राशि में हैं, उसका फल लिखिए।
13. सभी नौ ग्रह जिस-जिस भाव में हैं, उसका फल लिखिए।
14. इस पुस्तक में ग्रहों की दस अवस्थाएं और उनका फल नामक पाठ के अनुसार आप जिस कुण्डली का विचार करे रहे हैं, उसके सभी ग्रहों की अवस्था लिखें।
15. 'कुण्डली फल कथन के कुछ मौलिक सिद्धान्त'–यह पाठ पूरा पढ़ें, और जो-जो बातें आपके विचाराधीन कुण्डली पर लागू होती हैं, वे सब लिखें।
16. यदि स्त्री कुण्डली का विचार कर रहे हों, तो 'स्त्री कुण्डली फल कथन-ज्ञातव्य' भी पढ़ें, और जो-जो बातें लागू होती हों, वे सब लिखें।
17. क्या एक त्रिकोण का स्वामी दूसरे त्रिकोण में बैठा है?
18. क्या कोई उच्च राशि का ग्रह वक्री है? या कोई नीच राशि का ग्रह वक्री है?

अब आप जो कुछ लिख चुके हैं, उसे ध्यान से पढ़ें और अध्ययन करें। जो कोई बात (फल) केवल एक बार मिले, उसे अपुष्ट समझें। जो फल कई-कई बार आएं, वे विश्वसनीय होंगे। इसमें भी अभ्यास की आवश्यकता है। मनुष्य अभ्यास से ही पक्का होता है। जितनी लगन, निष्ठा एवं उत्सुकता से आप अभ्यास करेंगे, उतनी ही शीघ्र आप सफल होंगे। यदि दृढ़ संकल्प के साथ आप निरन्तर अभ्यास जारी रखेंगे, तो निश्चय ही आप भी एक अच्छे ज्योतिषी बन सकेंगे।

●●●

www.ingramcontent.com/pod-product-compliance
Lightning Source LLC
Chambersburg PA
CBHW072158160426
43197CB00012B/2441
9789381448540